「自由」の危機
——息苦しさの正体

藤原辰史　内田樹　他
Fujihara Tatsushi　Uchida Tatsuru

a pilot of wisdom

まえがき

二〇二〇年一〇月一日、六名の人文系学者が正当な手続きを経て会員に推薦されたにもかかわらず、菅義偉《すがよしひで》首相によって任命を拒否されたと報じられました。今ではほとんど報道されることもなくなりましたが、この問題はまだ終わってはいません。首相が任命拒否の具体的理由を示さないからです。これは単に「学問の自由」の危機であるばかりではなく、文化芸術、教育、日常生活など、あらゆる「自由」に通底する問題だと考えます。そこで、研究者に限らず、小説家、美術家、劇作家、音楽家、漫画家、ジャーナリストなど、多くの方々に、この「自由」の危機について論じて頂きました。これらの論考は、共鳴し、調和する部分がある一方で、破調を含むところもあります。それらはあえて残しました。そこにこそ、目を向けるべき重要な視点が含まれているように思われるからです。また、安易な両論併記を取ることも避けました。構成上の全ての責任は編集部にあります。

理不尽なことに対して、少しでも声を上げやすくなる世の中になることを願って、本書を世に送りたいと思います。

集英社新書編集部

目次

第三章　いま、声を上げる自由を　245

構成／広坂朋信・増子信一・加藤裕子
目次・扉・タイトルデザイン及び図版制作／MOTHER

第一章

切り崩される学問の自由

それは何か信じられないことが起こる前触れ

藤原辰史

Fujihara Tatsushi
歴史学者。京都大学人文科学研究所准教授。北海道生まれ、島根県出身。京都大学総合人間学部卒業。京都大学人間・環境学研究科中途退学。京都大学人文科学研究所助手、東京大学農学生命科学研究科講師を経て現職。第一五回日本学術振興会賞受賞。主な著書に、『ナチス・ドイツの有機農業』（日本ドイツ学会奨励賞）、『ナチスのキッチン』（河合隼雄学芸賞）、『トラクターの世界史』『戦争と農業』『給食の歴史』（辻静雄食文化賞）、『分解の哲学』（サントリー学芸賞）、『縁食論』などがある。

なぜ自分たちの足元を批判しないのか

意味の分からない言葉をたくさん使って読みづらい本や論文を書き、社会に貢献しているとあなたたちは思っている。そもそも読むのが大変だし、専門書は値段が高い。議論を開けと政治家に言うけれども、あなたたちもできていないではないか。どうして、わざわざ発音しにくい専門用語を使うのか。ナショナリズムにコロニアリズム、ブルシット・ジョブにエッセンシャル・ワーカー……。こんな外来語では、私たちの暮らしの根源的な不安を表現できない。アメリカの核の傘の下で日本政府はアメリカの言いなりになっていると批判しておきながら、あなたたちは外国の知識人の権威の傘の下にいるも同然ではないか。「首相にふさわしくない」「この政治家には教養がない」「言葉をないがしろにしている」などと常套句《じょうとうく》で政治家批判を繰り返すが、あなたが政治を担った途端に、きっとしがらみに耐えられなくなることは目に見えている。

コロナ禍で仕事を失った私に、あなたの学問は何をしてくれると言うのか。お金を慈善団体に寄付する資産家のほうが、あなたよりもよほど社会に貢献している。しかもあなたの働く大学だって非正規雇用労働者を多く雇っている。矛盾ではないか。大学の学問が滅びようが知ったことではない。私たちは、子どもにひもじい思いをさせたくないから、嫌な仕事でも睡眠時間を削ってやってきた。自分の好きな研究を、朝から晩まで机の上でできるあなたたちに、私の気持ちなど分かるはずもない。

そもそも、あなたの地位はどこから得たのか。両親や親戚がたくさんのお金をあなたに費やして教育環境を整えたのではないか。都市に集中する有名塾に行かせてもらい、今の地位を得たのではないか。高額の参考書を買う書籍代や塾に子どもを行かせるためのお金は、残業代でもカバーできない。

なぜ、自分たちの足元を批判しないのか。お金がものをいう不公正な受験戦争をやめさせられるのは、あなたたちではないか。

本を焼く者は人間も焼く

私が直接聞いたり読んだりした、以上のような具体的な不満を心の奥底に抱いていれば、その人が、テレビや新聞で正義を振りかざしてコメントしている学者に不信感を抱くことは、むしろ当然であると私は思う。自分の足元を批判しないでどうして相手を批判できるのか、という問いに痛みを感じる研究者は私も含めて少なくないはずだ。

もちろん、学問とは生活の論理を超え出ていかなくてはならないこと、生活の現実に妥協した生活者が戦争に関与したこと、さらに、そのことを批判しなかった学問が結局、戦争や虐殺を支えた過去については理解している。生活者の美徳を無条件に称揚するような考えが、自分たちの生活の利害と関係しない人たちの排除に向かった歴史も私は知っている。ただ、それにしても現在、自然科学のみならず人文・社会科学も学問が日常の生活実感から乖離《かいり》しすぎていて、分析用語がいわば「学問業界」内でしか通じない業界用語に陥っていることに、私は強い危惧と不満を抱いている。

たしかに、菅義偉首相が日本学術会議の新規会員候補六名の任命を拒否したことと、その理由を具体的に示すことを怠ったことは、歴史上の権威主義国家が進めた学問に対する政治圧力と本質的には変わりない。学者は、内閣総理大臣が管轄する組織にいながら政治に口を出すな、政府の組織から外れて批判をせよ、という言い方は、自分に近い位置から批判を受け止める自信がない政治家の臆病さのあらわれか、さもなければ単に人に空威張りをしたいだけだ。政治家の脅迫に研究者は一歩も譲らず、徹底的に説明を求め、毅然《きぜん》と立ち向かうことに、一点の疑いもない。

ただし、首相の任命拒否の報に接して「ざまみろ」と喝采を送っていた人びとを十把一絡《じっぱひとから》げに拒絶することは、少なくとも私にはできない。任命拒否の理由を首相が説明するのは当然のこととしても、その上で、今なお学界にはびこる権威主義と経済至上主義を打ち崩し、組み立て直す共同作業者を、この不満を抱く人びとの中から見出《みいだ》すことができないだろうか。これらの人びとは、自分の生活と大学での学問は別次元のことだと捉えているのではないか。私は時代に阿《おも》ねるためではなく、時代を批判的に創造するために、そんな不満や違和感を抱く人びとから話を聞きたいし、そういう人びとに向けて話をしたいと思う。

私が伝えたいことは第一に、あなたは批判の順番を間違っているかもしれない、ということである。学問は大学や研究機関の専有物ではない。日々の暮らしや仕事の中で何らかの疑問を抱き、思考を始めているあなたもまた、学問の担い手にほかならない。そのような疑問や思考の積み重ねの上でしか、それを職業とする研究者たちさえも一歩も踏み出せないからである。それゆえ、日本学術会議への政治介入はあなたへの介入でもある、と私は考えている。

学問の居場所は広い。私の専門である歴史学にかぎってみても、全国の小中高校の社会科の先生、郷土史家が多数いるし、独立研究者や歴史ファンまで含めると、いわゆる「歴史学」を担っている人間集団の中で大学人は少数派にすぎない。そして、星から動物まで森羅万象の出来事を考察した「万学の祖」であるアリストテレスも、庭の植物や動物の形態変化に魅せられて、そこから独自の哲学を形成したゲーテもそうであるように、あらゆる問いは、日常の些細《ささい》な現象の観察から始まっている。その観察の担い手には、無関係なようでいて、あなた自身も含まれる。学問がなくても生活はできるが、日常がなければ学問は存在しない。

第二に、私が、自治も理想も競争主義で弱まっているにもかかわらず、そんな大学を辞められないのは、生活を成り立たせるためでもあるが、あなたが不満を抱いている大学を微力ながら少しでも良い方向に変える試みを止められないでいるからということだ。高額の代金を塾に投じられる富裕者しか希望の大学で学べないとなると、それは学問の衰退を招く。そこを変えなければ、学費はさらに値上がりし、富裕層の子弟クラブとなる。山奥の高校の普通科出身で塾に行く機会も環境もなかった私は、たまたま先生たちの熱心な教育のおかげもあって、この世界に紛れ込むことができた。紛れ込んで分かったのは、自分の地位に無自覚な人の多さだけではなく、そのような経済と学問の関係に自覚的な研究者が大学に少なからず存在することである。そして、学生たちと生活に根ざした学問のあり方を議論し、研究と学生を社会に還元することで、少しでも学問と生活の距離を近づけていこうとしていることを私は知っている。

第三に、菅首相の任命拒否は、非富裕層の生活の改善と社会福祉の享受にマイナスにしか働かないことだ。自分たちの生活を改善するには、このような政治圧力を避け、現状を批判的に考えられる経済学者や財政学者や政治学者が発言や政策提言を行なう必要がある。なぜならば、ここ二〇年で非正規雇用の制度が強化され、労働者や貧困世帯の保護は弱まり、社会福祉はコストカットを強いられてきたからである。他方で、金融財産を持った富裕層が増加の一途を辿《たど》った。富裕層が増えるばかりの政治を、安倍前首相も菅首相も続けてきた。それを変えていくためには批判と選挙が必要だが、自分は富裕層ではないと思っている人までも菅首相の学問への介入を認めてしまうと、こうした政治を押し返す力が弱まる。それは自分で自分の首を絞めることにほかならない。

第四に、もしも経済成長に即効性のある研究だけがこの国に残ったら、あなたの居場所は縮減されていく。あなたも私も、遅効的な曖昧さの中を漂って日々を暮らしているからだ。さらにいえば、なぜ生きているのか、私たちは何者なのか、という経済成長に役立たない問いにさえ満足な答えを得られないからこそ、私たち人間は研究に値する。数式や化学式で説明できない変化、統計分析では納得できない傾向、言葉にはしづらい現象。家や職場での会話やアイディアに艶なり彩りを与えてくれるのは、このような領域である。ここを削ってしまうと、味気ない事実と説明が世の中を埋め尽くしてしまう。

最後に、国や政権を批判する研究者を拒絶することは、検閲を経て焚書《ふんしょ》に行きつく歴史が存在すること。一九三三年五月一〇日、ナチスが政権を獲得してから三ヵ月半後、ナチス公認の下で各地の大学で学生たちや大学教員が「非ドイツ的」とされる本を次々に火の中に投じた。マルクス主義の文献、平和主義や女性の権利を訴える本などナチスの教義に反する本が燃やされた。その数は二万五〇〇〇冊を超えたという。

本が燃やされる。それは何か信じられないことが起こる前触れだ。一八二三年に刊行された戯曲『アルマンゾル』の中に、ハインリヒ・ハイネはこんな有名な言葉を刻んでいる。「焚書は序章にすぎない。本を焼く者は、やがて人間も焼くようになる」。為政者の意にそぐわない本を燃やすことは、口を封じることだ。たとえあなたが為政者を支持していても、為政者の意にそぐわないとみなされれば、捕縛され、収容所に送られ、抹殺される。死体は本のように焼かれる。批判精神に欠けた学者に囲まれた政府は、端的にいって災厄であり、人びとの生命を危険に陥れることを意味するのである。

市場化した大学の荒野に学問の種をまく

今回の背景には、日本学術会議が大学の軍事研究に反対したことがあると盛んに報道された。与党の政治家たちの多くは、軍事研究を抑制すると経済成長の余地が減少すると批判する。それゆえ日本学術会議の権限を弱らせれば、防衛省は研究予算を堂々と大学に交付することができると考えている。

私は、軍事に関する人文・社会科学研究は重要だと思っている。軍事の歴史、兵器の性能や、危険性を知らずに、戦争の現実を語ることは不可能だからだ。だが、現在の政府が考える軍事研究とは極めて範囲が狭く、しかも偏っている。軍縮や兵器史の研究は入らない。オスプレイ一機は日本学術会議の一年間の予算の二〇倍なのに、どうしてオスプレイ一機を削減するよりも、日本学術会議の予算を削ることに貴重な労力を費やすのか。

軍事技術は民需に転用可能だから私たちの生活を豊かにするという。だが、それが幻想にすぎないことは、沖縄の住宅や学校に落下して、住民の生命を脅かしてきた戦闘機やヘリコプターの数からも明らかだろう。このような犠牲を強いる技術の上に成り立つ生活を、果たして「豊か」と言えるのか。私たちは民需活性化という名目のもとに、その犠牲を特定の場所に強いていないだろうか。軍事技術は、私が住む場所のようにそれがあまり集中していないところよりも、それが集中するところで、住民の生活と生命を脅かし続けてきた。この構造自体は軍事研究で不問に付される。だから、軍事研究には、軍事基地が社会や歴史に与えた研究も含まれなければならないが、それを政府はほとんど考えていない。

そして何より、交戦国の生活を破壊しなかった戦争はこれまでほとんどない。貧困者が戦争による軍需活性化で救われた戦争も、ほとんどない。なぜなら、貧困者は兵士の職業に就く傾向が富裕層よりも高く、階級も下級である割合が高いので、危険な戦場に送られやすいからであり、また、「誤爆」の犠牲者として亡くなり、その家族は一家の大黒柱を失い、ますます貧困に陥るからである。

日本学術会議が、狭い意味の軍事研究のあり方に対し批判的なまなざしを不十分ながら向けたのは、戦争が生活と学問の根拠を破壊した過去の反省の上に、戦後出発した組織だからである。戦争は秘密を重視する。軍事研究はどれだけ画期的な発明をしても、それは機密事項ゆえに公表されにくく、学術の公開性の原則に反する。軍事技術がインターネットやカーナビを生み出したではないか、と反論する人もいるが、それは単なる現状肯定であって、誰かの生命を犠牲にしてしか進歩しないような科学それ自体を問う議論に結びつかない。

現在の政治は学問に企業の論理を貫徹させて、無駄をなくし、効率的に成果を生み出したいと考えている。人文・社会科学もその例外ではない。だが、経済の論理に学問を合わせようとすると学問は生命を失う。研究とは、失敗の連続の合間に奇跡的に浮かぶかもしれない成功への待機である。失敗を許容する場所でしか創造は生まれない。効率主義を学問に当てはめた瞬間に、学問の自由な発想は奪われ、結局、「新製品のアイディア」も浮かばずに、経済への貢献さえも望めなくなるだろう。

つまり、学問は、焚書の遂行や想像力の欠如を避けるために、政治からも経済からも独立した上で批判精神を保たねばならない。独立していなければ、学問自体が真理からも生活からも乖離する。日本学術会議の新規会員候補六名の任命拒否は、学問にあぐらをかく学者への批判というよりはむしろ学問を政治と経済に従属させる試みの一つでしかなく、それはあなたから学問をますます遠ざけることになるだろう。そしてその権力の触手は、あなたの生活、ひいては生そのものに及ぶことになる可能性が高い。

これだけ息苦しくなる大学から、政府にも大学にも多岐にわたる事柄について異議申し立てを続ける私のような大学の教員が追放されても、現状の政治が続く限り「人事に関わることなので説明は控える」と言われておしまいだろう。ただその日まで、大学に紛れ込んでいる私にはやらなければならないことがある。それは、学問よりも経営に重点を置く管理大学が経済価値以外に何も生み出さなくなった荒野に、生活者たちの雑多な知的好奇心が根を張り、自由な学問が花ひらく土壌を、たくさんの仲間たちと一緒に耕しておくことである。

学問の自由は誰のためのものなのか

姜尚中

Kang Sang-jung

政治学者。東京大学名誉教授。鎮西学院学院長・熊本県立劇場館長兼理事長。熊本県生まれ。専門は政治学・政治思想史。著書は累計一〇〇万部を突破したベストセラー『悩む力』をはじめ、『続・悩む力』『心の力』『悪の力』『漱石のことば』『朝鮮半島と日本の未来』など多数。また、小説作品に『母―オモニ―』『心』がある。

学問の自由と大学の現状

日本学術会議の新会員任命拒否問題をめぐる一連の議論の中で、「学問の自由」ということが重要なキーワードとして浮上してきた。きわめて大切な問題なので、この問題は本質論から深めていくべきだと考える。以下、本稿では大きく二つの観点から検討していきたい。

第一に、日本学術会議は、選ばれたアカデミシャンたちが、国に対して一定程度独立した立場から提言やアドバイスを行っていく学者の組織だが、その構成メンバーは、ほとんどが大学人である。そのため、今、大学の実態はどうなっているのか、という問題を考えなければならない。

第二に、科学、あるいはもう少し広く科学技術というものが、普通の人が生活している一般社会から乖離して、独自のオートノミー（自律性）を持った世界を形成しているという問題がある。科学の専門家や、あるいはその専門家によってつくられる学術文化が、普通の人々の日常生活を土台として成り立つ常識や社会的なコミュニケーションなどから切り離されてしまっているのである。それをいかにして日常生活、社会に接合させるか、ということが課題となるだろう。

まずは第一の論点について考えてみよう。「学問の自由」とは、学問の研究・教育を職業とする専門家だけのものだろうか。第一義的には確かにその通りである。しかし、その専門家の自由が保障されなければならないのは、学問というものが大学の教員や研究機関の研究員などといった特定の職業の範囲を超えて、例えばワクチンの開発などのように、広く社会に影響を与えるからである。こうした側面を無視して、我々が日常を暮らす生活世界から遊離した議論を続けていると、おそらく一般の人々の間では、学問の自由の意義に対する関心は尻すぼみになる可能性がある。

日本学術会議新会員任命拒否問題も、初期の段階と比べると社会的な関心が弱まっているように見える。結局、自分たちとは離れた空中戦のような形で議論が展開されているというふうに、普通の人々は受け止めているのではないか。本来ならば、これは「表現の自由」にまでかかわる私たちにとっても身近な問題なのだが、なかなかそのような深掘りができていない。専門家集団、科学者集団がオートノミーを持った一つのシステムとして、研究の自由を死守していくべきだという議論だけに終始すると、社会的な共感が広がらないのではないか。

本来ならば、科学技術と一般の人々との回路を開く役割を大学が果たさなければいけなかった。ところが、国公立大学の法人化によって、大学の組織はそれ以前に比べてかなり官僚制的になり、「大学人としての研究者」は、ともすれば研究や教育よりも研究予算の獲得のための書類づくりに追われ、悪く言うと官僚制的システムの中の一つの部品になってしまった。内心忸怩《じくじ》たるものを抱えながら、しぶしぶ組織人として行動している大学人も多いと思われる。

また、科学について言えば、一口に科学の研究者と言っても、アインシュタインやハイゼンベルクのような一部の天才的科学者ばかりをイメージするのは大きな誤りである。多くの研究者は多数の構成員から成るプロジェクト単位で共同研究に所属している。現在、特に自然科学系の研究は、大型プロジェクトとして行われることが普通となっており、個々の研究者はますます組織の歯車としてふるまわざるを得なくなっている。しかし一方で、研究者には個人としての良心もある。いわば、研究者はその二重性の中でジレンマを抱えて生きているのである。

実は、そうした問題はすでに第一次世界大戦の頃からあらわれ始めていた。

第一次世界大戦は近代的科学兵器が次々と開発・投入される化学戦の様相を呈していたため、ドイツの研究所にはヨーロッパ各地から俊英たちが集まっていた。今、我々が軍事研究を考えていく場合の雛型《ひながた》は第一次世界大戦の中で成立したのである。

今からおよそ一〇〇年前、第一次世界大戦末期の一九一七年に敗色濃厚となったドイツで、社会学者マックス・ヴェーバーは「職業としての学問」と題する講演を行った。ヴェーバーはその講演の前半部分で、大学という組織の中で、研究者はどのような社会的条件のもとで、いわば一人の人間として生計を営んでいくことができるのかについて、かなり詳しく議論をしている。ヴェーバーがこの講演で、研究者の生計や就職にかんする問題をあえて具体的に述べたのは、学問が国家に動員される時代にあって、いかにして学問に忠実な研究者として生きていけるのかという危機意識があったからだろうと思う。

チューリングの悲劇が伝える教訓

世間や政治家の中には「軍事研究に手を染めても別に構わないではないか。何が問題なのか」と簡単に言う人がいる。しかし、仮に情報戦にかかわるような最先端の軍事研究に個人や研究機関が手を染めた場合には、その研究成果は軍事機密ゆえに発表できなくなってしまうことを考えてみてほしい。学者（科学者）のキャリアアップには、論文にせよ、あるいは共同研究の発表にせよ、一定の「業績」が求められる。しかし、軍事研究はそれを「業績」として発表できない。若手の研究者を集めて、防衛省なり、あるいは国なりの外部資金で共同研究をした場合に、若手研究者たちは、その後、研究者としてのキャリアを絶たれてしまうこともあり得ないわけではない。

軍事研究は当然のことながら、国家の機密事項にかかわってくるので、かかわった研究者の行動範囲が制限され、場合によっては言動が監視の対象となる。仮にその人物がかかわった研究の内容が国として数十年の単位で封印しておくべき問題であるならば、その研究者は生涯、口を閉ざしたままでいなければならない。ここで思い起こされるのはチューリングの悲劇である。

第二次世界大戦中のイギリスの政府暗号学校に、アラン・チューリング（一九一二―五四年）という天才数学者がいた。コンピュータの基礎的な考え方をつくった人物としても知られている。チューリングは、第二次世界大戦中、ドイツ軍の暗号「エニグマ」を解読するという功績を挙げる。イギリスはこのエニグマの解読で、ナチス・ドイツの裏をかくことができた。

その一方で、戦後の一九五二年、チューリングが同性愛者であることが発覚すると、当時のイギリスでは同性愛は違法とされていたため彼は逮捕され、政府機関での研究を続けられなくなった。二年後の一九五四年、チューリングは失意の中で自殺を遂げる（享年四一歳）。イギリス政府はチューリングの戦時中の業績を、彼の死後も長く秘匿し、彼の公的な名誉回復は正式には二〇一三年のエリザベス女王による恩赦を待たなければならなかった。

軍事研究に絡む限り、こうした機密保護の問題は今後も出てくるだろう。国家からすればそれは当然のことかもしれない。しかし、それで軍事研究に携わる若手研究者の将来を国は保障できるのだろうか。一度そのプロジェクトに入ったならば、その研究者がその後、自由な研究者として大学に戻るなり、あるいは科学技術について市民に啓蒙《けいもう》活動をするなりしたら、場合によっては監視対象になる可能性が高いのではないか。

現在、例えば、奈良林《ならばやし》 直《ただし》北海道大学名誉教授のような工学系の研究者から、日本学術会議の軍事研究抑制の姿勢を批判する意見が出てきて、「学術会議は学問の自由を阻害している」と主張しているようだ。こうした言説は、とりわけ自然科学系の二〇代から三〇代の、一番働き盛りである若手研究者たちのキャリアパスのことを考慮しているようには思えない。デュアル・ユースで「民間と軍事部門とを自由に行ったり来たりできる」かのように楽天的に考えている人たちは、チューリングの悲劇をどう考えているのだろうか。

国家・市場・科学技術

次に、第二の論点を考えてみよう。科学技術を社会の中にどう接合させるかが、コロナの時代を生きている我々が今、問われていることではないか。社会の根幹にあるものはやはり生活世界だ。学問の自由というものも、その視点から考えていかなければいけない。

生活世界とは、私たちの日常生活の感覚や経験、そこから生まれるコモンセンス、こうしたいわば普通に生きている人たちの相互行為から成り立っている世界のことである。私たちの生活上のモラルやコミュニケーション、ひいては社会も、この生活世界から生まれ、科学技術もその社会の上に成り立っている。

科学技術と同様に、生活世界を土台として成立しながら、生活世界から遊離しているものとして、国家と市場（マーケット）がある。国家と市場と科学技術、この三者は、私たちの生活世界を基盤としながら、そこから独立したシステムのように屹立《きつりつ》している。

そして、現代の科学技術は、チューリングの悲劇の例で見たように、ともすれば国家に動員されるし、産業界の技術開発を通して市場の影響を受ける。つまり、私たちの生活世界から乖離した国家・市場・科学技術という三つのシステムが絡み合って、逆に社会に影響を及ぼしているのが現状である。

例えばグローバル化した株式市場は、私たちの生活世界における素朴な売買のイメージから遠く離れて、一般の人々にとってはなかなか理解しがたい、金融や証券のエキスパートによって営まれる一つのシステムとして動いている。ウォール街などではすでにAIを用いた超高速演算による、超人的なスピードでの株取引などが行われている。このように普通の人はもちろん、おそらくは市場で株取引をしている投資家たちにも実はよくわからないシステムが、私たちの生活世界を支配している。これはハーバーマス的に言えば、「システムによる生活世界の植民地化」である。本質的な問題はやはりそこにある。

国家と市場と科学技術は、自己組織的なシステムとなって、私たちが生きている社会の根幹をなす生活世界と乖離しているのである。学問の自由という時に、自分たちの行為をいかにして生活世界の中に接合させて、それを日常のコミュニケーションのあり方とどう接合させていくのかが、非常に大きな課題である。

例えば哲学者E・フッサールは、第二次世界大戦前に執筆した『ヨーロッパ諸学の危機と超越論的現象学』（原著一九三六―三八年）で、科学が生活世界から乖離してしまったことを学問の危機ととらえ、生活世界を科学の根源的な地盤として位置づけることで、生活世界と科学を接合しようとした。フッサールは自らの構想した現象学こそ、それを可能にするという目論見《もくろみ》を持っていた。結局、その見通しは実現しなかったが、やはり科学技術の営みを生活世界の中に接合させなければいけないという危機意識はよくわかる。

福島第一原発の事故の時も、原子力あるいは放射能とは何なのかということについて、専門家と一般の人々との認識が大きく乖離してしまった。実際に福島の汚染された区域で暮らしている女性たちにインタビューすると、自分の子どもが今後、放射能によって大変な目に遭うのではないかと心配していた。ところが専門家の一部は「自然界の中にも多くの放射性物質があるのに、そんなに恐れているのはバカバカしい」として、一般の人々の不安に応えようとしなかった。

原発事故のような、高度な科学を応用したテクノロジーによって生まれる深刻な事故に対して、一般の人々はどう対応したらよいのか。そこにはやはり専門家集団と普通の人々との間を繋《つな》げる媒介項（メディア）がなければいけないだろう。科学者集団と一般の人々との間を媒介する科学ジャーナリズムが発達していれば、科学技術を社会や生活世界に近づけてくれるはずなのだが、残念ながら現状はそうなっていない。

科学はニュートラルなものではない

今や我々は、「科学はニュートラルな道具」であり、ゆえに「科学技術のもたらす影響はその使い方次第」であって「科学そのものに責任はない」、というような理解はもうやめるべきではないか。現代の科学研究は、その規模が大きくなればなるほど、国家や市場、産業界の動向と深く結びついた開発プロジェクトとなっている。もはや科学はまったくニュートラルなもの、中立的なものではない。

原子力の研究者で小出裕章《こいでひろあき》氏という人物がいる。小出氏は研究の過程で原子力の危険性を認識し、原発の廃絶のための研究に転じていった。ただし、そのために小出氏は、大学内での地位としては最後まで助教のままに留《とど》まり、ついに定年を迎えることになった。小出氏は、原子力研究を行ったがゆえにわかった危険性に向き合い、それを科学的にきちんと処理していくために、原発をスクラップにするための科学研究、いわば「反科学的な科学研究」に取り組んだのである。そこには、「原子力の研究はいったい誰のためのものなのか?」という問いがあったことだろう。

同様のことは、原子力についてだけでなく、広く自然科学系の学問、生命科学においても起こり得る可能性がある。「学問の自由」はもちろん大切なことだが、その自由の中で、研究者個人のボン・サンス(bon sens)、すなわち良識というものがやはり問われてくると思う。科学は善なるものだと妄信して「進歩を止めるな!」とばかりに新たな研究に邁進《まいしん》していくだけではなく、時には科学技術が社会にどのような影響を与えていくのかを社会的に議論し、そのリスクなどを皆が理解した上で、研究を進めるかどうか決めていくことが必要である。

もちろん、科学技術は日進月歩であるため、科学研究の最前線と一般の人々の理解との間にはギャップが生じるだろう。そのギャップを埋めていく上で、実は人文・社会科学系の知識が重要になる。人文・社会科学系に属する科学史や科学社会学、生命倫理や技術倫理といった分野には、科学の最新研究やプロジェクトからは距離を取り、対象化してその危険性や問題点について批判的に検討する知の蓄積があるからだ。

一般的に言うと、原子力問題に見られるように、科学史の研究者と、原子力開発のフロントにいる研究者とでは、原発に対する考え方がかなり違う。それは、前者の場合はやはり社会や人々の日常生活に科学技術がどうかかわってくるのかということを、問題意識として常に抱えているからだ。日本学術会議も、いわゆる文理融合型の組織である以上、国の政策に提言をするという役割を果たす機能と資格は充分にあるはずだ。

人文知が果たす役割

今回、任命拒否をされた六人の人々は全員が人文・社会科学系の研究者だった。これは、憲法や宗教や政治思想、あるいは行政法、歴史や国家やナショナリズム、こうした私たちの生きる社会にかかわる専門領域の人たちが、特に排除されたということになる。彼らが、さまざまな政府の法案に対して批判的であったことが拒絶理由として推測されているが、やはりここには、人文・社会科学系軽視の姿勢があらわれているのではないか。

科学技術はあたかも、我々にとってはなかなか理解しがたい専門家の間でだけ共有された一つのシステムのように動いている。しかし、例えば生命科学の中では、万能細胞や新型コロナウイルスのワクチンの安全性など、私たちの価値観や健康、そして生死に直接的にかかわってくる問題がある。だから今必要なことは、そうしたことについて、科学者も一人の市民として、一人の生活世界の生活者として、専門知識のない普通の人にも理解できる言葉で議論に加わることだ。その議論の輪に生命科学の専門家はもちろん、生命倫理や哲学の専門家や、いろいろな人々が参画していく。こういう、市民に開かれた形での知のアリーナをつくっていく必要があるのではないか。

具体例をあげよう。二〇一一年の福島原発事故のあと、ドイツのメルケル首相は自国の原発を止めて脱原発へとエネルギー政策を転換した。その際、メルケル首相は、専門家集団の意見を聞くだけではなく、非専門家の会議である「安全なエネルギー供給に関する倫理委員会」を組織して、その意見を取り入れている。この倫理委員会には宗教家や社会学者、哲学者ら、人文・社会科学系の知識人・研究者が加わり、原発の専門家とは別の角度から安全性について議論したという。これに比して、日本はあまりにも人文・社会科学系の「知」と「教養」というものを軽視している。

日本学術会議には幸いにして、第一部会として人文・社会科学系の研究者が加わっている。だからもう少し人文・社会科学系と自然科学系とがコミュニケーションを密にして、プロジェクト単位で動いていく科学研究のあり方について、その問題点を検討・指摘していくことも必要なのではないか。つまり、プロジェクトとしての科学研究をメタレベルで研究する、いわば「研究の研究」のような試みが必要だ。それができるのが人文・社会科学系の知であろう。

今回の出来事をバネにして、かえって人文知の意義や役割へと再び目が向けられ、日本学術会議がより一般の人々へと開かれた組織へと生まれ変わることを、私は願ってやまない。

未来世代の「自由」を殺さないために

隠岐さや香

Oki Sayaka

科学史研究者。名古屋大学教授。専門は一八世紀フランス科学アカデミー史。東京都生まれ。東京大学大学院総合文化研究科博士課程満期退学。博士（学術）。広島大学大学院准教授を経て現職。主な著書に『科学アカデミーと「有用な科学」――フォントネルの夢からコンドルセのユートピアへ』（サントリー学芸賞受賞）、『文系と理系はなぜ分かれたのか』などがある。日本学術会議の連携会員でもあり、二〇一四―一五年に行われた「日本学術会議の新たな展望を考える有識者会議」では委員として提言を行う。

「学問の自由」とアカデミー

菅首相が日本学術会議の六人の会員の任命拒否を行い、その理由が明らかにされなかった時、私は驚いた。まるで、前近代的な歴史的事例を目の当たりにしているかのような感覚に陥ったからである。

私は一八世紀のフランスに存在した科学アカデミーの歴史について研究をし続けている。当時の王立科学アカデミーは優れた才能を持つ学者を集めた組織であり、研究発表の場であると同時に、国家の科学・技術的な問題に関する諮問を受ける場であった。その歴史において、フランス国王が説明もなく、アカデミー会員により優先順第一位とされた候補者を任命しないことがあった。その話を真っ先に思い出したのである。後になって、その行動が日本学術会議法という同組織の根拠となる法に照らし合わせても違法とみなされ得ると知って納得した。

この問題は即座に「学問の自由」（academic freedom）が侵害されたとの反応を呼んだ。米英仏独のメディアでもそのような扱いを受け、国内でもさまざまな学協会が声明を出した。この声明について調査中の埴淵知哉《はにぶちともや》氏（東北大学）によると、二〇二〇年一一月六日の時点で六八六件の声明が確認されたという。[1] また、作家、芸術家など表現の仕事に携わる方々からも活発な議論提起があった。しかし、世論調査ではそもそも首相の行動の何が問題なのかわからないという反応も多かった。

その状況を追い風としたかのように、政府与党は日本学術会議に関するプロジェクトチームを立ち上げ、二ヵ月という恐るべきスピードで改革を提案するに至った。三年ほどかけて国立の組織から非政府組織になってほしいという。[2] 要求の内容はともかく、改革要請の経緯が異常である。しかも任命拒否の理由についてはまだ説明がない（二〇二一年三月一〇日現在）。

こうした事態を受けて、ひとまずやっておかねばならないのは「学問の自由」とアカデミー組織の関係について説明することだと私は考えた。なぜなら、それを理解しないと、日本の戦後社会を築いた人々が私たちに何を伝えようとしたのかもわからなくなるからである。このままでは、先人が世界から受け取り、作り上げたものが台無しになってしまうのではないか。このような危機感を抱いたことから、私は本稿を執筆することにした。

国際通念におけるアカデミー

日本学術会議は学術が関わる国際会議においては、「ナショナル・アカデミー」の一つとみなされている。すなわち、日本を代表するアカデミーということである。たとえばインターアカデミーパートナーシップ（ＩＡＰ）や国際学術会議（ＩＳＣ）のような各国のアカデミーや学術団体の代表が集まる場には日本学術会議が参加している。

アカデミーとはもとの古い理念を辿れば、学問のための自由な個人による会合のことである。英語圏では一般的に「学術協会」(learned societies) と呼ばれることもある。その本質は、地位や身分や国籍の違いなどを一旦留保して、自由に知を求める個人として集う場を作るということにある。そのため、身分制の時代であっても、あえて対等に近い対話をするための作法やルールが模索されてきた。また、専門学会と違って複数の分野を集めていることにも特徴がある。

歴史的経緯を踏まえれば、自由に人が集うアカデミー的、あるいは学術協会的な活動が先にあり、後から専門的な学会が発展したと捉える方がよいだろう。特に一九世紀以降、西欧と北米においては大学が研究の場となり、業績発表の場は専門学会に移った。もとのアカデミーはといえば、学術研究をもとにした知見を社会に発信する場となっていった。

日本で最初のアカデミーは民間組織として立ち上がった明六社である。明六社のメンバーは福沢諭吉、津田真道《まみち》、森有礼《ありのり》といった、日本の明治維新で活躍した錚々《そうそう》たる人々である。日本の「近代化」のための知識人グループとして知られるこの団体が主に教育や経済、道徳について語り合う「アカデミー」の一種であったことは一般にはあまり知られていない。だが、明六社が後に日本のアカデミーである東京学士会院（後に帝国学士院、戦後に日本学士院 The Japan Academy と改称）の母体となったことからもそれは明らかである。

学者が自由闊達《かったつ》に議論する「学術協会」の設立というのが当初の目的であり、創立にあたって森有礼はアメリカの識者から助言を得てもいた。その精神は、津田真道が「たとえ政府の命といえども、無理なることはこれを拒む権あることを知らしめ、自主自由の気象をわが人民に陶鋳《とうちゅう》する（教えて導くこと）は、我輩のおおいに望むところ[3]」と述べたとおりであった。

他方、日本学術会議は、第二次世界大戦における学者の戦争協力に対する反省をもとに誕生した。GHQの助言を得て、民主主義社会のための新しいアカデミーとして日本学術会議が誕生したのである。[4] ただし、創設当初の会員には明六社から続く系譜も強く意識されていた。たとえば、一九五〇年二月二一日、毎日ホールで行われた日本学術会議の講演会において、歴史学者の羽仁《はに》五郎が「学問の自由」の言葉とともに想起したのは福沢諭吉であった。また、経済学者の大内兵衛《ひょうえ》は東京学士会院のことを「今日われわれの学術会議の前身」[5]と述べていた。[6]

初期の日本学術会議は「学者の国会」を目指したことでも知られる。現在のように業績に優れた学者を現職会員が推薦するという形ではなく、日本中の研究者が選挙で会員を選ぶ方式だったのである。これは他の国のアカデミーにはない特徴であり、いわば実験だった。

このことにより、日本学術会議が他のアカデミーとは違い、政治的な組織だったと捉える人もいる。だが、それは早計だろう。というのも、「学者の国会」を自称してきたのはパリの科学アカデミーでも同じだからだ。実態はともかく、理想としてはそれを掲げたのである。これが偶然の一致とは考えられない。戦後の先人たちは他の国のアカデミーが掲げる理念を知った上で、よりそれに即した理想を追求しようとしたのではないだろうか。たしかに選挙制自体は一九八四年の法改正により廃止されてしまった。だが、その試行錯誤の歴史は貴重な経験であったと私は考えている。

ヨーロッパにおける「学問の自由」とアカデミー

日本の社会と「学問の自由」とのつきあいはいささか日が浅いといえる。一八八九年の大日本帝国憲法には学問の自由に関する規定はなかった。手本とした一八五〇年のプロイセンの憲法二〇条には「学問の自由」があったのだが、それは受け継がなかったのである。[7]一方で、一八八六年に発布の帝国大学令第一条には「帝国大学ハ国家ノ須要ニ応スル学術技芸ヲ教授シ及其蘊奥《うんのう》ヲ攷究《こうきゅう》スルヲ以《もっ》テ目的トス」[8]との言葉がみられる。すなわち、国家に必須とされる学術と技芸を教え、探求するのが帝国大学の役目とされていた。そこにみて取れるのは露骨な実利主義の精神である。

　戦後日本国憲法に書き込まれた「学問の自由」はアメリカの影響と言われる。だが、意外なことに、アメリカの憲法には学問の自由の規定はないらしい。教育関連法に記載のあるイギリスやフランス、憲法に記載のあるドイツとは違うのである。

　これにはアメリカならではの事情もあるようだ。まず、同国は一八世紀末にイギリスから独立した国であり、個人の「自由」がしっかりと憲法で保障されている。また、貴族のような特権階級を持たない平等な国という前提がある。そのため、研究者や大学教員という一部の層だけに特別な自由を法律に明記するのは、エリート主義的として敬遠される土壊がある。

しかし、その一方でアメリカでは市場原理があまりにも浸透したがゆえに、教育や研究に対するその弊害が露《あらわ》になる機会も多かった。それで逆説的にも「学問の自由」についての議論がむしろ蓄積されてきたようである。戦後の日本に受け継がれたのはそのようにして育まれた理念の部分であった。

アメリカでも「学問の自由」の考え方には何種類かあるのだが、ここではそれを「表現の自由」の親戚のようなものとみなす考え方を紹介する[9]。まず、民主主義的社会には表現の自由があり、本来、政治的な発言によってみだりに解雇されたり、排斥されたりしてはいけない。それでも多くの仕事では、たとえば一年のうちに売り上げ目標を達成するといった特定の目的に逆らう発言の自由は実質上許されず、多くの人が大なり小なり自由を侵害されながら生きている。それゆえ、このような現実が際限なく人々の自由を蝕《むしば》むことがないように、歯止めとして「学問の自由」を保障された職業があるというのである。その職業に就く彼ら彼女らは、いわば社会全体が享受できる自由の度合いを下支えするために、意見を発信し続ける役割を担っていることになる。要は「学問の自由」を尊重することが、めぐりめぐって最終的には民主主義社会を守ることだという考え方である。

大学における「学問の自由」と軍事研究

日本学術会議は二〇一七年に、大学が「軍事的安全保障研究と見なされる可能性のある研究」に関わる場合、その適切さについて学内で倫理的な審査を行うことが望ましいと主張した。[10] これをもって日本学術会議が軍事研究をする「学問の自由」を抑圧したと批判する人々がいる。また、軍事研究を受《う》け容《い》れない日本の大学は世界の常識をわかっていない、と訳知り顔に説く人もいる。

だが、私からすれば、それこそ視野が狭いというものである。そもそも軍事研究が「学問の自由」で守られるべきかどうかというのは、通常の軍隊を持つ国でも十分に議論の対象となる問題なのだ。

有名な例をあげよう。カナダのマギル大学では、ヴェトナム戦争のあった一九六〇年代以降、一部の研究室が軍から資金提供を受けて燃料気化爆弾（サーモバリック爆弾）の開発に協力してきた。資金提供者には自国の軍や私企業だけでなく、米軍も含まれる。開発は秘密裏に行われていたが、一九八〇年代に入り、同大の学生新聞記者が教授たちとカナダ軍との契約書類を見つけたことで学内に知れ渡った。そして、学生たちと一部の教員を中心に大学内での軍事研究に対する抗議運動が広がりをみせた。

抗議運動の担い手たちは、大学という場において、学生やスタッフである自分たちに秘密で人間に多くの害を与える兵器研究がなされていたことを許しがたいと考えた。抗議運動は四年間にわたって盛り上がりをみせ、最終的には、大学当局が軍事研究に対する事前の倫理審査を課す方針を打ち出すに至った。[11] 同大学には今でも軍事研究反対の考えを受け継ぐ団体が存在しており、学生新聞には関連する記事が掲載される。[12]

ここで興味深いのは、北米の学生と教員たちが実に強烈な反対運動を展開したという事実である。北米は歴史的にみても、大学を巻き込んだ軍事研究が非常に盛んな地域だった。原爆開発を成功体験として、巨額の資金が軍を経由して国家から大学に投下される流れが定着してきたからである。しかし、それに歯止めをかけたいという市民感情もしっかりと存在している。

いくら「学問の自由」があるとはいっても、それは人権への配慮抜きには成り立たない。

なぜなら、民主主義の社会において、他者の自由を侵害する自由は許されないからである。そのため現代では、自然科学・医学分野の多くの研究において、安全性や人権への配慮がなされているかどうか、計画の段階で事前の倫理審査を行うことが定着している。近年はさらに、社会科学系分野、すなわち文系にもその波が押し寄せつつある。

要するに現代的な基準では、倫理的観点抜きで守られる研究の自由はあり得ない。したがって倫理審査を経ないのであれば、いかなる研究も「学問の自由」により守られるべきではないだろう。しかも軍事転用しやすい研究の場合、軍需産業や軍事的組織という強力な出資者がいるため、わざわざ大学で「守られ」なくても研究できてしまう。

実際のところ、日本政府も軍事研究の場は特に大学でなくてもよいと捉え、一部の民間企業に任せてきた経緯がある。さすがに直接的な破壊を担う兵器など狭義の軍事技術に関しては消極的な開発姿勢であったが、戦闘機の部品開発など、軍需品一般に関わる軍事技術については官民の垣根を越えた育成の努力がなされ、外国からは一時期高い評価を得ていたのであった[13]。

そのような形で日本社会では、いわば倫理的な議論も社会的合意も不十分なまま、なし崩し的に民間企業と大学との間で研究開発における役割分業を進めてきた。それが二〇一〇年代に入り急に防衛省の発出した文書で「デュアルユース」（軍民両用）技術をキーワードに大学との連携に言及されるようになり、二〇一五年には防衛省の資金により大学でも関連研究を行えるという「安全保障技術研究推進制度」が始まったのである。しかし、そこには倫理的な問題の検討もなければ、経済的な側面の検討すら十分ではない様子が窺《うかが》えた。何より、通常の科学・技術・イノベーション政策であれば関与があるはずの文部科学省、経済産業省で具体的な議論がなされた形跡はなく[14]、突然研究資金の提案がなされたのであった。

要するに、戦後の科学者は「もう二度とこのような悲劇を繰り返したくない」と思い、軍事研究を行うまいとした。だが、大学の外の民間企業では可能であり、一定の歯止めはかけられながらもそれはなされている[15]。しかし政府はそこで留《とど》まらず、大学でもやろうと声をかけ出した。それを受けて「そうだ！　やろう！」となるか、「いや、これ以上はもうやるべきでない」となるかで関係者の反応が分かれている状況にある。

私は「いや、これ以上はもうやるべきでない」の立場である。その理由は、経済的リスクと倫理的なリスクが大きいと感じるからだ。

経済的リスクであるが、軍事研究には基本的にお金がかかり、経済には負担となりやすい。冷戦期の米国が軍事費の膨張に苦しんだことは有名である。冷戦後に諸国が軍事研究のデュアルユースと言い出した一番の理由は、各国における国防予算の縮小である。軍事研究が民間の市場にも利益があるという言い方をしないと国費を投入しづらい世界情勢になったのだ。[16]

そもそも、科学の発見という観点からすれば、その応用先として軍事研究と民生研究の明確な境目などあるはずがない。たとえば、純粋に科学的なウイルスの研究ですら、やり方によっては生物兵器開発のヒントになり得る。それで論文が公開停止になった例もある。

しかし、研究内容には軍事／民事の境目がなくても、「研究のやり方」には歴然とした違いがある。あえて違いを設けてきたという方がよいかもしれない。科学は基本的に公開され、万人に広く共有されるべきものである（そのために現在、ＥＵが世界を巻き込んで、あらゆる科学論文を公開にする政策を進めている）。それに対し、軍事研究はそれが戦略的に重要であればあるほど、徹底した機密性が求められる。ある研究によると、この文化の違いは、実際に巨大な官民軍事産業セクターを持ち、デュアルユース政策を進めたフランスにとってすら困難な課題として映っているようだ。そうした文化の違いがある場合、双方が自然にちょうどよい形で折り合うことはなく、主流となった側が自らの目的を達するため、他の立場の人々の目標設定を支配する結果に終わりやすいという。[17]要は、相当な工夫をしない限りは、軍事・非軍事セクターそれぞれが目標を共有し、効果的に協力することは難しいということだ。

先に書いたように、現在の大学は厳しい倫理的基準を設けて研究活動を行っている。その今までの制度を大きく変えてまで、軍事研究を受け容れる利があるとは言いがたい。仮に資金難にあえぐ大学がそれで一瞬潤うとしても、そこでなされる研究が日本全体の経済的活性化につながるとも考えづらい。一九九〇年代から現代までの経緯をみる限り、日本はアメリカに比べても格段に国費を投じてのイノベーション振興が不得手な国であるからだ。

さて、ここまでは実利的な側面を書いてきたが、軍事研究が日本の大学で仮に一般化するとして、最も大きく損なわれるのは、先人が世界に発信してきた理念である。実は、日本の研究者に伝わってきた軍事研究禁止の発想は外国にも共鳴する人々を生んできた。ドイツには民生研究のみに関わる（つまり軍事研究に関わらない）とする「市民条項」(Zivilklausel) を採用している大学が多いのである。この市民条項は日本から広がったものであったという。[18]

二〇一五年、ドイツのフィリップ大学マールブルクで、イナゴの空間認知能力についての研究が米国の国防総省から資金提供を受けていると発覚した。同大は市民条項を採用していたため、メディアや学生組織からの批判を浴びたという。また、この前後の時期に市民条項を採用する大学数が激増した。その多くは大学当局ではなく、学生団体の要求によるものだという。[19] 若い世代が未来の学問の向かうべき方向について意思表明をしたのだ。

防衛のためとはいえ、あるところで人間をより危険に晒《さら》すための研究が行われるのなら、社会の中の別のところで、その発展をできる限り留めようとする意志が働くのは自然なことだろう。たとえるなら、車にアクセルとブレーキの両方がなければ危険であるのと同じことだ。

「もう二度とこの悲惨な戦争を繰り返したくない」と願った戦後日本の研究者の思いは、

決して内向きの理想論などではない。それは未来への責任を切実に噛《か》みしめた世代の声であった。だからこそ、似たような痛みを知った遠い国の人々、それも「学問の自由」を最初に憲法に書き込んだ地の人々にも受け継がれている。

今の日本の大学が大手を振って軍事研究を受け容れる場合、その研究活動に混乱が生まれるだけでは済まない。それは日本から世界に受け継がれた先人の思いを踏みにじってまで、不確かな経済的リスクを冒す愚行となる可能性が高いのである。

継承者として

「学問の自由」とは、考えることで、ものごとをよい方向に変えていけるという希望のための条件である。そして、未来世代の「自由」を殺さないための勇気を示す基盤でもある。私はそのように考えている。

言うまでもないが、この世の営みは全てがカネの論理で動くのでもなく、全てが上司のいいなりになるのでもなく、ましてや同時代の一部地域の人に気に入られるかということだけで決まるわけでもない。数百年前の抑圧的な身分社会を生きる人々ですらそう考えていた。そして、時には文字通り命をかけて、国境を越えた自由な議論の空間を作り上げてきた。

彼ら彼女らが行く先を照らしてくれたから、今がある。そのおかげで、今の社会はより自由になったはずではなかったか。

私は、その灯火を受け継ぎ、次に伝えていかなければならないと思っている。

注

1　正確には、二〇一九年時点の日本学術会議協力学術研究団体のうち、一一月六日までに単独もしくは共同（連合含む）で声明を出した学会が六八六団体あったとのこと。その後も声明は出続けているためこれより増えている（埴淵氏による情報提供）。

2　自由民主党政務調査会内閣第二部会政策決定におけるアカデミアの役割に関する検討PT「日本学術会議の改革に向けた提言」二〇二〇年一二月九日、https://www.jimin.jp/news/policy/200957.html

同提案では外国のアカデミー、特に全米科学アカデミー（ＮＡＳ）のような組織を作るための改革が主張されているがＮＡＳの組織構造を十分には踏襲していない。ＮＡＳの組織構造については次を参照。*Constitution and By-Laws of the National Academy of Sciences,* Adopted January 1864, URL: http://www.nasonline.org/about-nas/leadership/governing-documents/constitution-and-bylaws.pdf

改革に関する日本学術会議の考えは次を参照。日本学術会議幹事会「日本学術会議のより良い役割発揮に向けて（中間報告）」二〇一〇年一二月一六日、http://www.scj.go.jp/ja/member/iinkai/kanji/pdf25/siryo305-tyukanhoukoku.pdf

3 山室信一・中野目徹校注『明六雑誌』上、岩波文庫、一九九九年、七五頁。

4 より詳細に述べると、戦前の日本は帝国学士院とは別に、主に理工系研究者の連絡・交流を担う学術研究会議という組織を一九二〇年に作った。両者は共に国際的なアカデミーの連合会議に代表者を派遣した。ただし学術研究会議は第二次世界大戦期に科学者動員の中心的組織となった。そのため、同会議は戦後の新しい学術体制を作る動きの中で解体され、日本学術会議が生まれた。たとえば次を参照。青木洋「第二次世界大戦中の科学動員と学術研究会議の研究班」「社会経済史学」72－3、二〇〇六年九月。

5 亀山直人・我妻栄・羽仁五郎・大内兵衛・坂田昌一・末川博『學問・思想の自由のために』日本学術会議、北陸館、一九五〇年、二七頁。本書の存在は伊藤憲二氏によりご教示頂いた。

6 一九五〇年の時点で日本学士院は日本学術会議に合併され附置組織となっていたが、一九五六年に独立して別組織になった。

7 大浜啓吉「学問の自由とは何か」「科学」二〇一六年一〇月号、一〇四九―一〇五五頁。

8 帝国大学令、明治一九年三月二日勅令第三号、https://www.mext.go.jp/b_menu/hakusho/html/others/detail/1318050.htm

9 Stanley Fish, *Versions of Academic Freedom: From Professionalism to Revolution*, University of Chicago Press, 2014は「学問の自由」について五種類の分類を行っている。（1）「ただの仕事」派、（2）「公共善のため」派、（3）「学術共同体の例外性」派、（4）「批判としての学問の自由」派、（5）「革命としての学問の自由」派である。紙幅の関係で本稿では主に（2）を紹介している。

10 http://www.scj.go.jp/ja/member/iinkai/gunjianzen/index.html

11 Alexandre Vidal, "Recherche militaire dans les universités. Quelle est la place de l'éthique ? Le développement de technologies de l'armement à l'Université McGill", *Éthique publique*, vol. 12, n° 1 | 2010, 123-138.

12 http://mcgilltribune.com/sustainable-peace-for-a-sustainable-future/

13 R. J. Samuels, *"Rich Nation, Strong Army": National Security and the Technological Transformation of Japan*, Cornell University Press, 1994.

14 夏目賢一「デュアルユース技術研究の大学への期待と外交問題」「科学技術社会論研究」第16号、二〇一八年、二〇二頁。

15 安全保障技術研究推進制度には伝統的に防衛産業を担ってきた企業を含め、民間企業、公的研究機関等の研究者からの応募があり順調に採択されている。

16　関連して、防衛技術の高度化により開発費が膨らみ、ますます効率よく技術開発をしなければならなくなったことも指摘できる。装備品等を一国で研究開発をすることも難しくなり、複数国で共同開発する風潮がある。ただし日本は比較的一国だけで防衛装備を賄おうとする傾向が残っている。ジョン・パーマ「日本の防衛産業は今後如何にあるべきか？」「防衛研究所紀要」第12巻第2・3合併号、二〇一〇年三月、一一五－一四五頁。

17　Valérie Mérindol and David W. Versailles, “Dual-use as Knowledge-Oriented Policy: France during the 1990-2000s”, *International Journal of Technology Management*, March 2010. DOI: 10.1504/IJTM.2010.031919.

18　ドイツと、デンマークの一部の大学で採用されている市民条項については次の記事を参照。https://www.insidehighered.com/news/2018/09/14/german-universities-pacifism-challenged-new-government-efforts

19　German National Academy of Sciences Leopoldina and Deutsche Forschungsgemeinschaft（DFG, German Research Foundation）, “Joint Committee on the Handling of Security-Relevant Research”, progress report of 1 October 2018, Halle（Saale）, p. 30. および注18の記事

「学問の自由」と軍事研究

池内 了

Ikeuchi Satoru

物理学者。名古屋大学名誉教授、総合研究大学院大学名誉教授。兵庫県生まれ。京都大学大学院理学研究科物理学専攻博士課程修了。理学博士。『科学の考え方・学び方』で講談社出版文化賞科学出版賞（現・講談社科学出版賞）を受賞。そのほか『物理学と神』『宇宙論と神』『司馬江漢――「江戸のダ・ヴィンチ」の型破り人生』など著書多数。「軍学共同反対連絡会」の共同代表を務め、『科学者と戦争』『科学者と軍事研究』『科学者は、なぜ軍事研究に手を染めてはいけないか』など、軍事研究に関する著書を刊行し、警鐘を鳴らしている。

日本学術会議の知名度の無さ

日本学術会議の新会員六名の任命拒否問題について、私は菅義偉首相が任命拒否の理由を明確にしていないことに注目している。過去には一九三三年に滝川事件、すなわち当時の京都帝国大学教授であった滝川幸辰《ゆきとき》の著書『刑法読本』などを、政府が危険思想として名指しして発禁処分にし、滝川教授を休職処分とした事件があった。だが、今回の任命拒否問題は、そのように政府側が学説批判など何らかの理由を示して学問の自由を弾圧したというものではない。むしろ理由を明言しないことによって、我々に政権の意図を、積極的に忖度《そんたく》することを仕向けているように見える。マスメディアも含めて、首相の意図をあれこれと推測した挙句、任命拒否されたあの六名の思想・信条・行動が問題なのであろうという議論になってきたことがそれを証明している。

つまり、私の見方は、我々があれこれ忖度をさせられている現状は、任命拒否の理由を明確にしない菅首相の作戦に見事に引っ掛かっているのではないかというものである。

もっとも菅首相の作戦と言ったが、これが考え抜かれて打たれた手なのかどうかは疑わしい。たまたまそのような流れになっただけの可能性がある。しかし、それが結果として、人びとやマスメディアに、日本学術会議の側に何か落ち度があったから拒否されたのではないかと忖度をさせてしまっている。ここにポイントがある。

日本学術会議が政府に批判的な団体だから忌避されたという議論があるが、その指摘は一〇〇パーセントあたっているわけではない。逆に、政府にとって日本学術会議はこれまで便利な存在でもあったはずであるからだ。例えば二〇一〇年、内閣府原子力委員会委員長は日本学術会議に対して「高レベル放射性廃棄物の処分に関する取組みについて」と題する審議依頼を出した。これに対する日本学術会議の回答「高レベル放射性廃棄物の処分について」（二〇一二年）では、「いきなり最終処分に向かうのではなく、数十年から数百年程度のモラトリアム期間を設けて暫定管理せよ」という提案をしている。

このように、政府として直接の回答を出しづらい、扱いに困るような厄介な問題については、政府は日本学術会議にいわば下駄を預けることで落としどころを見つけることができた。これは政府にとっても好都合だったはずだ。近年では二〇一八年に、費用負担が大きいＩＬＣ（国際リニアコライダー）の日本誘致を断るのにも日本学術会議を利用している。だから、日本学術会議は学者たちによる独立性があり、第三者的に政策などの検討・批判ができるという意味で、あくまで政府にとって使い勝手のよい組織としてあり続けてほしい、というのが政府の思惑でもあると思う。これが民間団体となると、その提言は権威がなく、説得力を欠くものになってしまうからだ。

日本学術会議はこのほかにもいろいろな答申や提言を出している。しかし、社会にはそれが全くと言ってよいほど知られていない。そもそも、今回の問題が起きて初めて「日本学術会議」の存在を知ったという人も大勢いる。この知名度の無さが今回の任命拒否問題についての議論の錯綜《さくそう》や、その根底にある疑心暗鬼に拍車をかけているようにも思う。

軍事技術と民生技術

任命拒否問題が起きてから、政府はあたかも日本学術会議に揺さぶりをかけるかのように、「時代の変化に合わせて」デュアル・ユースについて再検討せよと日本学術会議に対して求めたようである（二〇二〇年一一月一七日、参院内閣委員会での井上信治科学技術担当相発言）。この件は、今回の任命拒否問題とは本来直接の関係はないはずだが、日本学術会議をめぐる議論に何らかの影を落とし始めているようなので、ここで検討してみよう。

デュアル・ユースとは、科学技術の用途の両義性、つまり科学技術が軍事的にも、民生的にも、両面に使えるということで、通常「軍民両用」と訳している。デュアル・ユースの代表例としては、軍事レーダーに使われていたマイクロ波が食品を透過加熱できることを利用して開発された電子レンジ、潜水艦や軍隊や人工衛星の位置を確定するためにつくられたGPSなどが典型であろう。

デュアル・ユースについては、軍事技術を民間にも活用できるからよいのだという議論もあるが、電子レンジもGPSも、必ずしも軍事技術としてでなければ開発できなかったものではないことを指摘しておかねばならない。むしろ、軍事用に開発された技術は軍事機密とされてきたため、その技術が公共財としてオープンになるのが遅れたといえる。

さらに、デュアル・ユースの実態とは、軍が開発した技術のうち、もはや秘匿する意味がなくなった、いわば賞味期限の過ぎたものを一般に開放しているだけである。マイクロ波の技術もGPSも、初めからオープンにしていたら、もっと早くから電子レンジやカーナビがつくられていたのではないだろうか。軍事用であれ、そもそも税金を注《つ》ぎ込んで開発された技術なのだから、秘匿される筋合いはないと言うべきだ。

軍は国防を理由にして、政府から金をもぎ取って潤沢な研究費を有している。その金を集中的に投資するのであるから、いろいろな発明品がつくれるのは当然のことと言える。マイクロ波利用やGPSが開発されたのは、軍用だったからこそというわけではなく、単に資金が潤沢にあったからにすぎない。そうした金を、例えば政府が、学術機関の研究者に科学研究費を拠出している文部科学省所管の日本学術振興会を通じて基礎研究のために出したら、もっと使いやすい成果がもたらされたはずだ。つまり民生用の科学研究のための予算とすればよいわけであって、戦争や軍事開発を目的にしなければならない理由はないのである。

科学と資金

デュアル・ユースに前向きな研究者もいる。その最大の理由は研究資金であろう。日本では大学などに提供される基礎研究に対しての資金が非常に少ない。日本学術会議の年間予算一〇億円というのも、政府の予算規模からすれば大した金額ではない。二〇二〇年二月以降に全世帯に向けて配られた「アベノマスク」は予算総額が約四六六億円で、日本学術会議のおよそ四六年分にあたる。Ｇｏ Ｔｏトラベル事業全体の補正予算も含めた総予算は約二・七兆円とのことだが、その金のいくらかでも科学技術振興に使おうという考えが見えない。これは学問を、より広く言えば文化をバカにしているということではないか。

芸術の分野でも事情は同じだろう。例えば文化庁が「あいちトリエンナーレ２０１９」に出した補助金は約六七〇〇万円である。文化に対する国の支えは非常に弱く、薄い。そうした中で日本の文化人たち、すなわち個々の演劇人、映画人や美術家たちが相当な努力をして、国際的な評価を得ているのである。日本の文化は個々人の努力によって辛うじて支えられていると言わざるを得ない。

科学者の場合、産学協同で企業からの委託研究費が得られるプロジェクトにはそれなりに潤沢な資金が流れているようだ（税金が控除されるためもある）。しかし、産学協同のプロジェクト、つまり企業がスポンサーとなる競争的資金には三年や五年などといった期限があり、その期限内に成果を出さないと契約が更新できない。となれば、おのずと「期限内に成果が出るテーマ」しか選ばなくなる。そのため、本来はクリエイティブであるはずの研究が、ハードルのさほど高くない「練習問題もどき」ばかりになり、研究のスケールも小さくなっていく。だからこそ国際的な論文競争では日本の論文数が減り、引用数の多さでも順位が落ちているのである。構造的に質の高い仕事がしにくくなっているのが、日本の科学界の現状だ。

科学者には、決められたプロジェクトばかりをこなす以外の、独自の研究をしたいという気持ちが強い。実は、そうした研究者が本当にやりたい基礎的な研究の予算は数百万円程度で済むものが多いのだが、現状ではその予算確保が難しい。ましてや、理工系や生命科学系の実験設備を必要とする研究で、予算が一〇〇〇万円や三〇〇〇万円などという規模になると、日本学術振興会の科学研究費も非常に競争率が高く、応募するだけでも大部の書類を準備しなければならない。

こうした規模の研究費を比較的容易に出してくれるのが防衛装備庁の「安全保障技術研究推進制度」（二〇二〇年度予算は九五億円）である。軍事装備品の性能は戦争の勝敗を左右するため、最先端の軍事技術の開発には惜しむことなく費用が注がれるのである。この制度に採用されれば、プロジェクトによっては二〇億円単位の資金が提供される。そこで、軍事に利用されるデュアル・ユースでもいいじゃないか、研究さえできればいいのだから、という気持ちで応募するのである。

なぜ人文・社会科学系が標的とされたのか

科学者が軍事研究に取り組むことについては、日本学術会議では検討委員会を設置して検討を行い、二〇一七年に、「軍事的安全保障研究に関する声明」を公表している。

声明では、防衛装備庁の安全保障技術研究推進制度について、「将来の装備開発につなげるという明確な目的に沿って公募・審査が行われ、外部の専門家でなく同庁内部の職員が研究中の進捗管理を行うなど、政府による研究への介入が著しく、問題が多い」と指摘し、「研究成果は、時に科学者の意図を離れて軍事目的に転用され、攻撃的な目的のためにも使用されうるため、まずは研究の入り口で研究資金の出所等に関する慎重な判断が求められる」と述べている。

つまり、デュアル・ユースには軍事転用の危険性があり抑制的であるべきだというのが、日本学術会議の姿勢であった。このような経緯を踏まえると、今回、政府が日本学術会議に「時代の変化に合わせて」デュアル・ユースの再検討をするように求めてきたというのは、この声明を変更せよという意味だと受け取れる。

この要請（圧力？）にどうこたえるか。先に見たように、研究資金不足に悩む理工系の研究者たちからデュアル・ユースもやむなしの声も上がる中、日本学術会議は難しい問いを突き付けられていることになる。ここで新会員六名の任命拒否が結果として重要になってくるように思われる。

日本学術会議は、人文・社会科学系の会員から成る第一部と、生物学・医学などの生命科学系の第二部、理学・工学系の第三部から構成されており、自然科学系の第二部・第三部と人文・社会科学系の第一部とでは議論の傾向が違う。

今回、任命拒否された六名は、それぞれ歴史学、キリスト教学、政治学、憲法学、行政法学、刑事法学を専門とする、いわゆる人文・社会科学系の研究者ばかりであり、全員が第一部に所属する予定だった。もちろん、軍事技術に直接かかわる人たちではない。しかし、科学技術政策も含めて、さまざまな施策に対する批判や異論などの提言が出されるのは、人文・社会科学系の学者たちが属する第一部の部会からであることが多い。

先に触れた日本学術会議の「軍事的安全保障研究に関する声明」は、全分野からの研究者たちが「安全保障と学術に関する検討委員会」を組織して議論をとりまとめて声明文をつくったのだが、こうした仕事は一般には理工系の人間の苦手とするところで、人文・社会科学系に知恵者が多い。デュアル・ユース問題の再検討でも働きが期待される人びとである。

こうしてみると、政府が、人文・社会科学系の六名を任命拒否したのは直接の「思想の弾圧」というより、日本学術会議を弱体化させるために、あらかじめ知恵者を切っておく意味があったのではないかと邪推してしまう。菅首相が理由を明確に述べない以上、その真意を忖度しても仕方がないが、少なくとも結果として、そうした事態を招きかねないことは確かである。

学問の自由と公共財としての知

学問は自由なのだから軍事研究をしても構わない、むしろそれを抑制することこそが「学問の自由の侵害」にあたるのではないか、と言う方がおられるかもしれない。そうした方には次のような問いを投げかけたい。「ならば、あなたは人体実験や優生学であっても許容するのですか?」と。学問の自由とは、単に個人の好き勝手な研究を無制限に許容するということではない。社会的な合意や研究者自身の良識により、そこには一定の規範・節度が要請されるべきだ。そして、軍事研究はそうした規範に照らして批判的検討を行うべき領域にほかならない。

もともとの「学問の自由」の出発点は、学問研究に権力からの圧力や介入が無いということである。だからこそ大学の自治は学問の自由の大きな要素なのである。言い換えれば、権力からの干渉を少しでも招くような行為は、学問の自由を壊すことにつながる。防衛装備庁からの委託で軍事研究を行うと、必ず干渉があり、同庁はその成果を軍事機密として秘密にしようとするだろう。それは学問の成果が公共財としての知、「公共知」であることに反することを意味し、学問の自由は窒息させられるのである。

学問と国家の関係をやや単純化して言うならば、国家は「金は出しても口は出さない」というのが学問にとって、また社会にとって望ましいあり方だろう。軍事に限らず、国家が何かに役に立つことを学問に求めると、学問が歪《ゆが》む。学問には役に立つものもあるし、すぐには役に立たない分野もある。後者の、役に立たないように見える分野も含めて学問であり、国は干渉・介入すべきではない。

今、子どもたちに一番人気のある科学の分野は、宇宙と恐竜だという。博物館が展示のテーマに困ると「宇宙展」か「恐竜展」を企画するらしい。宇宙を扱う天文学も、恐竜を扱う古生物学も、ある意味では「役に立たない」分野だ。また、数学や哲学など純理論的な学問も、一見すると何の役に立つのかわからない。しかし、宇宙の果てや太古の生物に思いをはせたり、抽象的な理論をアレコレ自分で考えたりすることは、「役に立つ」と仰々しく喧伝《けんでん》されている成果よりも往々にして面白く、また誰に対しても間口が広い。市民の知的関心をかきたてる知識こそが本当の「公共知」と言えるのではないだろうか。

大学の研究者は、市民から「公共知」の創造を負託されており、学者が生み出す知的成果は公共財として人びとが自由に使えるようにしなければならない。学問は市民とのそうした契約関係の上に成り立っている。市民の負託にこたえることこそが大学の存在意義であり、研究者の使命なのではないか。

学問の危機の行方
――自民党PT「日本学術会議の改革に向けた提言」批判

佐藤　学

Sato Manabu
教育学者。東京大学名誉教授。広島県生まれ。教育学博士（東京大学）。全米教育アカデミー（NAEd）終身会員、アメリカ教育学会（AERA）名誉会員。日本教育学会元会長。日本学術会議では二〇一一年から二〇一四年にかけて第一部（人文・社会科学）部長を務めた。アジア出版大賞（APA）大賞次賞（二〇一二年）。著書は『カリキュラムの批評――公共性の再構築へ』『教師というアポリア――反省的実践へ』『学びの快楽――ダイアローグへ』『学校改革の哲学』『学びの共同体の挑戦――改革の現在』など多数。

二〇二〇年一〇月一日、菅義偉首相は、日本学術会議の推薦する新会員候補者六人の任命拒否を行った。日本学術会議法に対する違法行為であり、憲法第二三条「学問の自由」

に対する明白な侵害である。この違法行為に対して日本学術会議は一〇月三日、①任命拒否の理由の説明と、②六名の速やかな任命を「要望書」として提出したが、菅首相はこの「要望書」にまっとうに応えることなく、同年一二月九日、自民党は部会PT（プロジェクトチーム）において「日本学術会議の改革に向けた提言」を公表した。任命拒否という違法行為への対応を何ら行わないまま、権力介入によって日本学術会議の組織改編を提言すること自体が常軌を逸しているが、この提言はいくつもの問題を含んでいるだけでなく、今回の任命拒否が「日本学術会議つぶし」をねらったものであり、学術総動員体制づくりの一環であることを示している。

現行の日本学術会議は、世界的にも優れたアカデミーとしての性格を有している（後述）。自民党改革案が実行に移されれば、その要件をことごとく失うことになるだろう。本章では、自民党の「提言」の問題点を明らかにし、その背景にある政権の政治的思惑について批判的に検討したい。

自民党による改革案提出までの経過

菅義偉首相は、日本学術会議が二〇二〇年一〇月三日に提出した「要望書」の二項目（任命拒否の理由説明と六人の速やかな任命）にまっとうに対応しないまま一〇月一四日、自由民主党政務調査会内閣第二部会に「政策決定におけるアカデミアの役割に関する検討PT」（以下、自民党PT）を組織した。自民党PTは六回の「有識者ヒアリング」を経て一二月九日、「日本学術会議の改革に向けた提言」（以下「提言」）をまとめ、一五日に菅首相に提出した。「提言」は「おおむね一年以内に具体的な制度設計を行い、すみやかに必要な法改正を行った後、現行日本学術会議第二五期の任期満了時（二〇二三年九月）を目途に新組織としての出発が望ましい」と結んでいる。

自民党PT「提言」の論理は巧妙である。「民主的正統性（legitimacy）を担保する政治（決断）と、学術的正当性（rightness）を担保するアカデミア（エビデンス）の連携」を求めて「政治からの独立」を掲げつつ、その活動については政府がより強く統制する組織に改編するという「提言」になっている。「独立性」を組織形態においては内閣府から切り離して形式面だけで実現しつつ、その活動の目的や内容は政権に隷属させて「独立性」を破壊するというアクロバティックな論理である。「提言」は、「ブダペスト宣言」（一九九九年）にも言及。日本学術会議の声明にあった「科学者の行動規範」、総合科学技術会議や有識者会議などの文書の文言である「知の源泉」「世界の中のアカデミー」「俯瞰《ふかん》的・学際的」などの美辞麗句で文章を粉飾している。しかし「提言」の本質は「改革」にはなく「つぶし」にあり、「政策のための科学（Science for Policy）」によって日本学術会議を政府に隷従させ、ひいては学問全体に権力が介入する道筋を準備している。

他方、日本学術会議の梶田隆章《かじたたかあき》会長（東京大学卓越教授）は、一二月一六日、「要望書」への対応をひき続き求めつつ、井上信治科学技術政策担当大臣に自主改革案「中間報告」を提出した。「中間報告」は、ナショナルアカデミーの五要件として、「①学術的に国を代表する機関としての地位、②そのための公的資格の付与、③国家財政支出による安定した財政基盤、④活動面での政府からの独立、⑤会員選考における自主性・独立性」を明記している。自民党ＰＴ「提言」と日本学術会議幹事会「中間報告」は、大きな溝をはさんだ平行線のように対峙《たいじ》している。この溝が埋まることはないだろう。長期戦である。

自民党PT案の構造

自民党PT「提言」は、「組織のあり方」として「独立した法人格を有する組織」、「提言機能」については「シンクタンク機能」と「プロジェクト・ベース」の活動、「会員および選出方法」については会員・連携会員の区分廃止ならびに会員数と分野別会員数の是正、さらに「第三者機関」「指名委員会」など外部推薦を含むコ・オプテーション方式(会員が新会員を推薦し選考する方式)、「財政基盤」については当面は「運営費交付金等」、将来は「自主的な財政基盤」を求めるという骨格で構成されている。組織形態としては政府から切り離して「科学の独立性・政治的中立性」を実現しつつ、会員選出と活動内容は政府の直接的統制のもとに組み込み、財政的に政府・財界の誘導を行うシステムが構想されている。

「提言」による改革が行われるならば、日本学術会議はあとかたもなく壊され、「似て非なるもの」として新しい「日本学術会議」が創出されるだろう。「提言」は、「改革」によって「世界の中のアカデミー」に昇格するかのように記述しているが、「改革」が行われると、日本学術会議はアカデミーの要件をことごとく失うことになる。なぜ、そう断言できるのか、以下、その根拠を示すこととしよう。

自民党PT「提言」の中心概念は「政策のための科学」である。「政策のための科学」は、「ブダペスト宣言」が唱えていた「社会のための科学」という文言のすり替えである。「ブダペスト宣言」は、一九九九年に国際科学会議（世界の科学アカデミー連合体）とユネスコの共催で開かれた世界科学会議で採択された宣言であり、「社会のための科学」を追求する「科学者共同体」の「社会的責任」を提唱し、一つの方策として科学者と政策決定者の連携を要請していた。その理念を示す「社会のための科学」が「提言」では「政策のための科学」にすり替わり、政府の求める活動が日本学術会議の中心的役割にされている。「政策のための科学」という目的によって、会員組織と活動内容と会員選考は現行とは異なるものとなる。自民党PT「提言」における会員組織は、現在の会員（二一〇名）、連携会員（約二〇〇〇名）の区分を廃止した「シンクタンク」としての人材ストックへと変化する。会員数に関しても二〇二〇年一二月一日現在は第一部（人文・社会科学六四名〈欠員六名〉）、第二部（生命科学〈医学を含む〉七〇名）、第三部（理学・工学七〇名）であるが、「科学者総数の割合（人文・社会科学一一・五パーセント、生命科学一九・九パーセント、理学・工学六八・六パーセント）」に応じた数が好ましいとされ、「全研究者の六割を占める企業・産業界の研究者・実務者」からも多数を会員にすることが求められている。

「提言」どおりに会員数を組織すると、二一〇名の会員数が維持されたとしても、人文・社会科学の会員は七〇名から二四名に激減し、生命科学（医学を含む）も七〇名から四二名になり、理学・工学が七〇名から一四四名（その多くが工学）へと変化する。「提言」が主張する「全研究者の六割を占める企業・産業界の研究者」を考慮すれば、人文・社会科学の会員数はさらに減少するだろう。

今日、科学技術と医療に関する政策課題に限定したとしても、それらは経済、社会、政治、倫理の学問的知見と統合されて初めて現実的効果を発揮する。経済、文化、教育、福祉など社会政策に関してはなおさらである。工学研究に限定してみても、世界の最先端を拓《ひら》いているマサチューセッツ工科大学の教授の四割近くは人文・社会科学の研究者である。現代において先進的な工学研究は、人文・社会科学と融合しているのである。「提言」の想定する工学中心のアカデミーが「社会のための科学」からかけ離れてしまうことは必至だろう。

さらに「みなし公務員」（公務員扱いの職）ではない会員は「シンクタンク」のストックでしかなく、政府の「必要に応じて」会員が「テーマ別プロジェクト」に参加することとなる。こうなると省庁直属の審議会と同様になり、もう一方では政府主導の「プロジェクト」の委託研究組織になる。「政策のための科学」は、日本学術会議の活動全体を政府に隷属させる概念なのである。

科学と学術を統制しようとする政府の欲望には背景がある。日本の科学技術政策は二〇〇五年以降、五年ごとの科学技術基本計画を中心に遂行されてきた。第五期科学技術基本計画（二〇一六年—二〇二〇年）の総予算は約二六兆円であった。日本学術振興会の科学研究費（通称「科研費」）の総額は毎年二五〇〇億円以下である。科学技術基本計画の予算は「科研費」と比べようがないほど巨額である。現在、政府は二〇二一年度から開始される第六期「科学技術・イノベーション計画」を三月二六日に閣議で決定した。「科学技術・イノベーション計画」の巨額の資金で学問をトータルに支配することが、日本学術会議を改組し政府に隷属させる目的であると推察してまちがいないだろう。

政府の統制を強めるあらゆる手立てが、自民党ＰＴ「提言」には組み込まれている。「役員並びに新組織発足時の会員を指名」し、会員選考にも外から介入する「指名委員会」、会員推薦を行う「第三者機関」、活動と財務を「評価・監督」する「評価委員会」と「外部レビューワー制度」などである。さらに「提言」は、政府と日本学術会議が密に連携する「パートナリング制度」、「フェローシップ制度」も提案し、政府と日本学術会議の「政策共創能力を高める努力」が強調されている。

財政基盤についても「政策のための科学」は一貫している。自民党ＰＴ「提言」は当面は「運営費交付金等」に依存させるが、「政府や民間からの調査研究委託による競争的資金の獲得」と「民間からの寄付等」によって「自主的な財政基盤」を強めることを求めている。資金によって政府と財界の要請に誘導する仕組みである。この財政基盤の仕組みは、内閣府に置かれている現在よりもはるかに、政府の誘導と統制を容易にするだろう。

アカデミーとしての日本学術会議

自民党ＰＴ「提言」は「世界の中のアカデミー」の国際基準に到達することを謳《うた》ってい

るが、現実にはむしろ「改革」によって日本学術会議は「アカデミー」の性格を喪失してしまう結果になるだろう。

アカデミーとしての性格を国際的に比較すれば、現在の日本学術会議は世界最上の組織と活動で特徴づけられると断言できる。現代におけるアカデミーの在り方は「ブダペスト宣言」（前述）に最もよく表現されている。「宣言」を採択した当時の国際科学会議会長は日本学術会議の吉川弘之《ひろゆき》会長であった。吉川会長は日本学術会議法（二〇〇四年改正）の制度設計で中心的役割をはたした。「社会のための科学」を「科学者共同体」の「社会的責任」で遂行するという最も先進的なアカデミーの理念は、現行の日本学術会議において具現化されたのである。

自民党ＰＴ「提言」は、日本学術会議が世界のアカデミーと比べ劣っているかのように叙述しているが、その認識は実態を知らない人の思い込みである。「政策提言」についても、日本学術会議はどのアカデミーよりもたくさんの質の高い提言を公表してきた。それらの実効性が弱かったのは、政府が日本学術会議の提言をことごとく無視してきたからである。

私は、二〇〇一年から全米教育アカデミーの会員（終身会員）である。したがって全米科学アカデミーについても多少は認識している。自民党ＰＴ「提言」は、参考資料として全米科学アカデミー、英国王立協会など、世界の一〇のアカデミーの組織・財政・活動を一覧にして示している。それらのうち、カナダロイヤルソサイエティー以外はすべて国の財源で運営費の三割から八割が補助されている自然科学アカデミーである。ロシア科学アカデミーは人文・社会科学分野も含んでいるが、その比率はわずかでしかない（科学者論文数で二・六パーセント）。

アカデミーの性格や組織や活動は、各国の歴史や社会によって多様だが、その多くは、①終身会員の会員制（会費制）、②日本学士院のような栄誉団体、③政策提言機能よりも顕彰機能や若手奨学機能、④政府貢献よりも社会貢献、⑤学会との関係は薄いという特徴を示している。私の所属している全米教育アカデミーは、私が会員になった時は上限一〇〇名（現在は約二三〇名）の栄誉組織であり、年間約二万円の会費を払っている。終身会員制なので前年に逝去した人の数だけの新会員が会員の推薦と選挙で補充されるが、人文・社会科学系のアカデミーなので政府から資金はなく、スペンサー財団（公益財団）の巨額の基金によって若手育成の奨学事業を中心に活動している。そして、政策提言というよりも社会提言を行っているが、数年に一回程度である。

現行の日本学術会議のアカデミーとしての卓越性は明らかだろう。日本学術会議は、①内閣府に所属することによってすべての省庁との連携が可能で、すべての省庁の政策に関して政策提言（第二四期〈二〇一七年一〇月―二〇二〇年九月〉には八五件）を行っていること、②自然科学のみならず、人文・社会科学、生命科学（医学を含む）、理学・工学の三部制で組織され、三部の諸科学の総合によって政策提言を行っていること、③会員二一〇名が連携会員二〇〇〇名と対等に協同し、かつ約二〇〇〇の学会（協力学術研究団体）と協力関係を結んで「科学者共同体」を構成していること、④他国のどのアカデミーよりも民主的な方法で会員選出を行っていることなどである。

日本学術会議の会員選考は、会員と連携会員の推薦による約一三〇〇名と協力学術研究団体の推薦による約一〇〇〇名を合わせた約二三〇〇名の推薦名簿から何段階かの選考会議を経て、会員候補者一〇五名を推薦候補として決定している。これほど民主的な手続きで会員選考を行っているアカデミーは他国には存在しない。これらの特徴から、日本学術会議は他のどのアカデミーよりも卓越した理念と組織と活動を展開してきたと断言してよい。惜しむらくは、海外のアカデミーと比べて財政が比較にならないほど小規模である点であり、この財政基盤の抜本的解決こそが急務なのである。

自民党PT「提言」は、「奨学金や研究助成」「栄誉・顕彰機能」を持たせてアカデミーの「国際基準」にふさわしい組織への改革を提言している。しかし、これらの機能は、アカデミーの役割の末梢《まっしょう》の事柄であって、アカデミーの存在価値や要件がそれらにあるのではない。アカデミーの必須要件は、日本学術会議幹事会の「中間報告」が指摘しているように、①学術的に国を代表する機関としての地位、②そのための公的資格の付与、③国家財政支出による安定した財政基盤、④活動面での政府からの独立、⑤会員選考における自主性・独立性にある。この五要件のいずれも、「提言」は充足していない。「提言」は、「アカデミア」の名を借りた「アカデミーつぶし」と言ってよいだろう。

学問の危機とアカデミー

そもそも日本学術会議問題は、なぜ生じたのだろうか。その理由は、日本学術会議が日本学術会議法を遵守して国家と社会のための活動を行ってきたのに対して、菅首相が自らの政権のための活動を求めたからである。国家と社会のためか、ときどきの政府のためかという亀裂において菅首相が断行したのが任命拒否であり、着手されている日本学術会議「改革」である。

政権によって学問の自由が侵害される事件は、近年、世界各国で生じている。代表はトルコである。二〇一六年のクーデタ鎮圧によってさらなるクーデタを遂行したエルドアン大統領は、わずか一年で一五大学を閉鎖、五三〇〇人の大学教員と一二〇〇人の大学事務員を解雇し、八八九人の大学関係者を逮捕して独裁者に君臨した。同様の事件は、ヴェネズエラなど南米諸国にも見られる。

ハンガリーでは二〇一七年、極右のオルバーン首相が大学改革法を成立させ、「学問の自由」を掲げる大学として知られる中央ヨーロッパ大学（CEU）を存続の危機へと追い込み、国外に追放した。中国の習近平は、他国では考えられないほど多額の研究費を大学に注ぎ込みつつ、学問の自由を制約し学問研究への国家統制を強めている。

プーチンによるロシア科学アカデミーに対する政治介入は、日本学術会議つぶしと共通するところが大きい。プーチンは二〇一三年以降、ロシア科学アカデミーの独立性を奪って国家機関に組み込む法案を成立させ、科学アカデミー全般の権力統制を実現し、学者とメディアへの統制と粛清によって独裁体制を構築した。今やプーチンなしのロシアは考えられない体制である。プーチンがＫＧＢ（秘密警察・国家保安委員会）出身であることと、日本学術会議問題の黒幕とされる、杉田和博官房副長官が公安警察出身の官僚であることは偶然の一致だろうか。

アメリカにおいても、共和党右派の圧力で学問の自由は危機に瀕している。彼らは各州議会で「学問の自由条例（Legislation on Academic Freedom）」を制定し、世界の創造主は神であると主張する「創造科学運動（Creation Science Movement）」の教育を大学と学校に浸透させてきた。もう一方でアリゾナ州では「明確な定義」なしで「社会正義」という言葉を大学の授業で語ることを禁止する法律を制定、アイオワ州では大学教員の採用時に政党との関係をテストする法律を制定し、ウィスコンシン州の共和党議員は大学のすべての文書から「真理の追求」という文言を削除するキャンペーンを展開している。さらに、トランプ側近は、「教育の権威（establishment）との闘い」への参加を全米の学生たちに呼びかけ、テネシー州の共和党右派リーダーは「アカデミック・エリートの脅迫から学生たちを守る」運動を推進している。ネトウヨに染まった学生たちを動員した学問の自由への攻撃が展開されているのである。

学問の自由が奪われると、メディアの統制も容易になり、やがて思想表現の自由も奪われる。学問を失った社会は暗闇の中をさまようしかない。その暗闇の中から独裁者が登場し、民主主義が壊され、社会と国家も破壊される。歴史の教訓である。まだ遅くはない。任命拒否によって開かれた暗黒の世界への扉は、私たちの手で塞がなければならない。

大学の自治は自由の砦《とりで》

杉田 敦

Sugita Atsushi

政治学者。法政大学法学部教授。東京大学法学部卒業。専門は政治理論。主な著書に『デモクラシーの論じ方──論争の政治』『政治的思考』『権力論』『境界線の政治学 増補版』などがある。二〇一七年三月、「軍事的安全保障研究に関する声明」を審議した日本学術会議の「安全保障と学術に関する検討委員会」では委員長を務めた。

政府による弾圧は今回が初めてではない

事実経過から確認すると、まず、二〇一六年の日本学術会議の会員補欠人事の際に、すでに政府の人事介入がありました。つまり、軍事研究についての審議開始より前に介入が始まったのですから、二〇一七年の「軍事的安全保障研究に関する声明」が介入の直接のきっかけということではありません。二〇一六年に、学術会議が推薦予定の補欠候補の一部について、官邸が「難色」を示した。学術会議としては、それに応えて推薦候補を差し替えることはできないので推薦を見送った――これは報道されている通りです。その際、私を含む役員の一部は、こうした不当な介入について、ただちに表に出すべきだと主張しましたが、それは当時の会長らによって阻まれました。

第二次安倍内閣以降、内閣法制局しかり、検察庁しかり、もろもろの組織に対して人事権を振りかざして官邸にとって都合のいいものにするような動きがありましたが、そうした流れの一環として学術会議に対しても介入が始まったのだろうと思います。

翌一七年には会員（二一〇名）の半数改選が行われました。この際にも、選考の途中段階で候補者の何人かについて、官邸側から「難色」を示されたが、説明の結果、「では会長に任せましょう」と言われたと、当時の会長はわれわれ役員に説明しました。「難色」の具体的な内容や、「説明」の内容は、われわれ役員も聞かされていません。結果的には、この時は、学術会議の推薦名簿通りに任命されました。

そこまでは、私は役員だったのですが、その後は会員の任期が切れました。二〇一八年の補欠人事でまた同じような介入が起こったらしいということについては、間接的に聞いてはいました。そして今回の六人の任命拒否に至ったわけです。

そもそも学術会議が創設されたのは、戦争中に科学者が軍事研究に動員されたことに対する科学者の反省に基づくものです。先の大戦末期には、初期段階とはいえ物理学者が核開発の研究までやらされていた。科学者が軍事研究に関与することで戦争被害が甚大になるという問題について、日本の科学者も無縁ではなかったのです。逆にいえば、科学者が協力しなければ戦争がエスカレートすることをある程度防止できるのではないか。そういう発想で一九四九年に学術会議はつくられました。翌五〇年には、「戦争を目的とする科学の研究には絶対従わない決意の表明」と題した声明を出し、六七年には、同様に「軍事目的のための科学研究を行なわない声明」を公表しています。

そのほか、原子力や生命科学の分野などでも、学術会議は政府にとって耳の痛いことをも、時には言ってきました。そうした中で、政府は何度も日本学術会議法を修正して、括弧付きの制度「改革」を行ってきましたが、そうした「改革」の動機が、学術会議の牙を抜こうということにあったのは確かでしょう。会員推薦についても、選挙制から学会推薦へ、そして会員・連携会員らによる推薦を元にした学術会議内部の選考方式へと何度も変更されました。しかし、それでもなかなか思うようにならない、ということで、ついに露骨な人事介入を始めたのかもしれません。そして介入が任命拒否にまで至った背景に、軍事研究について学術会議が示した見解について、政府・自民党などの中に不満があったということはあるのかもしれません。

「防衛」研究を認めれば、軍事研究の全面解禁になる

次に、二〇一七年の「声明」に至る、軍事研究をめぐる審議経過についてお話ししましょう。

二〇一五年に防衛省が「安全保障技術研究推進制度」を新設しました。それまで、軍事研究、兵器開発は、防衛省の内部や企業を中心に行われてきた。ところが、それを拡大しようということで、大学も動員すべく、基礎研究という形で研究費を出せるようなスキームをつくったわけです。

これを受けて、学界の一部には、同調する動きも出てきました。学術会議の内部でも、「防衛」研究なら問題ないのではないかといった形で、それまで学術会議が示してきた、そしてそもそも学術会議成立の主要な理由であった軍事研究への慎重な姿勢を変更しよう

とする意見も、先ほどから言及している元会長など、ごく一部には存在しました。

しかし、わざわざ「侵略」研究といって研究する人などいませんから、「防衛」研究を認めることは、実質的に軍事研究をすべて認めることを意味します。私は「安全保障と学術に関する検討委員会」が発足する以前の学術会議の総会において、すでに次のような趣旨の発言をしていました。

世界史上初めて国家間の戦争が否定された一九二八年の「不戦条約」（パリ不戦条約、ケロッグ＝ブリアン協定）により、いわゆる戦争というものは違法とされた。しかし、各国は戦争そのものをあきらめるのではなく、名前を変えることで対応した。つまり、自分たちのやっていることは戦争と呼ばずに、「自衛」や「侵略の排除」と言い換え、宣戦布告もしなくなった。自衛権という概念も、近年では非常に濫用されている。アメリカに至っては、9・11の同時多発テロの首謀者がアフガニスタンに逃げ込んだというだけで、個別的自衛権の行使名目でアフガニスタンを攻撃した。集団的自衛権という概念は無論のこと、個別的自衛権の概念でさえそのぐらい拡大解釈されている、と。

そもそも、「自衛」とはどこまでなのか、ということはまったく自明ではありません。

集団的自衛権行使の是非をめぐって国論が二分したことは、記憶に新しいところです。さらに、「自衛」のためなら軍事的手段を用いていいのかといったことについても、意見が分かれます。実際に、学術会議の内部でも、安全保障については、非軍事的な、いわゆる「人間の安全保障」しか認められず、軍事的な安全保障そのものが否定されるべきだといった議論もそれなりにありました。

そうした中で、学術会議が、「自衛」概念を定義したりすることは、不可能であるばかりか、学者の共同体というそもそもの性格からして不適切です。たとえば、学術会議の会員は集団的自衛権を容認しなければならない、というようなことでいいのか。あるいは逆に、自衛隊も違憲だという人しか会員になれない、ということでいいのか、という問題です。われわれは、それではおかしいと考えました。どういう政治的な意見の人でも会員になれる。それが当たり前ではないでしょうか。ちなみに、もしも二〇二〇年の任命拒否の際に、政府がこの点に介入してきたのであるとすれば、それは大きな問題になります。いずれにしても、委員会審議においては、「防衛」や「自衛」の定義を学術会議としてするようなことはしませんでした。

では、何を議論したのか。それは、学術の健全な発展に対して、軍事研究がどのような影響を及ぼすか。この一点です。言い換えれば、「学問の自由」の問題です。学問の自由の保障という観点から、軍事研究をどうとらえるべきか、ということです。

これに対して、そうした議論も「政治的」ではないか、という意見もあるかもしれません。言葉の広い意味においてはそうかもしれません。しかし、学術会議は、学術の健全な発展を図ることを目的とするものです。したがって、その目的を実現するために、学術の世界と政府とのあるべき関係を考えるというのは、当然のことです。これは、他の個別の政治的な問題についての議論とは性格が違います。

もう一つ、よくある意見として、あらゆる技術は「デュアル・ユース」（軍民両用）だから、何が軍事研究かは特定できず、したがって、議論には意味がない、というものがあります。確かに、ダイナマイトをはじめとして、技術が色々な用途に使えることは明らかです。しかし、委員会審議でも明らかになりましたが、アメリカなど軍事研究が盛んなところでも、軍事研究と民生研究とは区別されています。

なぜかというと、分けないと機密が守れないからです。民生研究の場合には、研究成果は論文として公開されるのが原則です。他の学者がそれを読んで検証し、さらに発展させて行くわけです。ところが、軍事研究の場合には機密重視のため、成果の発表が制約される。機密性の保持が何より重要という点で、民生研究とは対照的なのです。

さらに、軍事研究においては研究テーマを選択する上での研究者の自律性が失われやすいという特徴があります。政府が国策的に、「いまはこの研究が大事だ」と決めて、科学者に研究させるのですから。これについて、委員会でも、それは厚生労働省などほかの役所の委託研究でも同様ではないかという意見もありました。しかし、政府による強制の度合いが、他の場合とは異なる。国の意向で、ある軍事研究を進めている途中で、それまで研究に携わってきた人が、ある日、自分はこの研究をもうこれ以上やりたくないと言うことができるでしょうか。できるわけがありません。それは歴史が証明しています。

また、財政との関係でも、軍事的な領域は特権化されがちです。どこの国でも、財政的に厳しくなっても、なかなか軍事予算は削減できない。研究資金についても、軍事的なものが広がっていくと、ある特定の領域にだけ研究費が出て、軍事に役立ちそうにないと見なされた分野の研究はできなくなっていく。

要するに、軍事研究というのは究極の「国策」研究であり、研究をこれに紐《ひも》付けるということは、学者がそれぞれ自律的に研究テーマを決め、その成果を公表して、学者共同体の中で共有して研究を発展させるという回路を壊すおそれがある、ということです。

これに加えて大事なことは、「声明」をどう受け止めるかは、あくまで各大学などの研究機関に委ねられている点です。各大学等は「大学の自治」を保障されており、それぞれの大学の中でどのような研究がどのように行われるかについて決める権利があるからです。

この「声明」を出した結果、多くの大学が、これを真剣に受け止め、防衛省の技術研究には応募しないという方針を決めました。しかし、これは学術会議が強制したことではもちろんありませんし、学術会議にはそんな権限はありません。

「声明」が軍事研究について警鐘を鳴らしたことをもって、学術会議自体が学問の自由を否定している、などと述べている人もいますが、誤解です。先ほどから申し上げているように、学術会議が示したのは、軍事研究が学術の健全な発展を阻害しかねないという見解です。

それをどう受け止めるかは、まさに「大学の自治」を担う各大学の問題です。アメリカなどでは、軍事研究を精力的にやっている大学は、機密保持のために一般のキャンパスとは別のキャンパスで軍事研究を行っている。日本の大学のような狭いところでそれができるのかということも含めて、各大学はそれぞれの見識で判断することになります。

「学問の自由」は個人のためだけにあるのではない

いま、「学問の自由」と「大学の自治」が非常に大事だと言いましたが、今回の任命拒否事件で、これらの概念が日本では浸透していないことに気づかされました。これらの概念は、近代以前に成立した学問共同体の自律性を背景としています。中世ヨーロッパで、教師と学生による一種のギルド（同業組合）として大学は生まれた。そうした同業組合的な組織は自律性をもっており、誰をメンバーにするかは中で決めるのが原則です。職人として誰がふさわしいかは職人の親方たちが決めるということ。大学についても同じですし、学術会議のようなアカデミーについても、基本的な考え方は同じです。

ところが、今回の任命拒否を正当化しようと、菅首相は学術会議の会員推薦には「国民の理解」が必要だとした。さらに、憲法第一五条の公務員選定権を持ち出して、会員が特別職の公務員である以上、政府に決める権利があるなどと主張しています。これは、日本学術会議法の規定に反し違法ですし、「学問の自由」をふみにじるものであるとともに、学問の世界というのはギルド的な、人事の自律性がなければ成り立たないという国際的な常識にも反しています。

今回の任命拒否を許せば、政府は次には国立大学の学長の任命拒否を仕掛けてくるのではないかという危惧もあります。さらには、税金を支出している以上、大学教授の任命についても、「国民の理解」が必要だなどと言い出しかねない。実際、それを支持するような意見が世論の一部にあります。

なぜ、学者の共同体について、「特権」のようなものを認めるべきなのか。それは、政府にとって都合が悪いようなことを言い出した学者を政府が弾圧し、結果として学問の発展が妨げられ、社会に不利益が及んだりした事例がたくさんあったからです。

そしてなぜ、学問の自由は学者個人の権利というよりも、学者共同体の集団的な権利と考えられるべきか。それは、学者個人は弱いので、団結しなければ闘えないからです。公権力による介入と闘うためには、大学のような場所で一緒になって、自治を確立しなければばならないのです。学術会議のようなアカデミーも同様で、一人で政府に対して意見を言うことはできないので、一緒になってやるわけです。

日本では中世ヨーロッパのような同業組合的な、別の言い方をすれば、国家とも市場とも区別される市民社会的なものについての歴史がほとんどないせいか、そういう集団的な権利はなかなか理解されません。現在の日本人にとって身近な組織モデルは企業か官僚制の二つしかない。したがって、学術会議も官僚制なのか、それとも企業なのか、はっきりしろと迫られるという話になっています。税金で運用しているのなら官僚組織だから、国の方針に従え、もしも国の方針とは別にやりたいのなら、自分で金を集めろ、という話。どちらでもない形態が重要なのだ、ということはなかなか理解を得られません。

「声明」の審議の際に、学者の中からも、軍事研究を認めないのは個人の学問の自由を奪うといった批判がありました。実際、歴史を繙《ひもと》けば、学術会議ができた直後でも、「戦争を目的とする科学の研究には絶対従わない決意の表明」の声明を出すことに反対する学者たちが結構いたことが分かりました。その反対派の人たちが言うには、実は研究の自由が一番あったのは戦争中だ、なぜなら軍からいくらでも資金が出たからで、潤沢にお金があれば自由に研究できるのに、それを学術会議や大学が止めるのはおかしい、と。

しかし先ほどから言っているように、軍事研究はどうしても学問の世界への政府の過度の介入を招き、しかも高度の機密性を求められるので、「学問の自由」は侵害されてしまうわけです。

このあたりの論点について、ある憲法学者とお話をしたことがあります。私が、「学問の自由」を学者の共同体全体の自律性としてとらえることは、憲法学において一般的なのかと伺ったところ、その考えは正当だが、従来の憲法学では、基本的には、個人の自由を守るために大学などの自律性が必要だという形で、個人の権利に重点を置いて論じられている、とのことでした。その上で、今回の事件をきっかけに、「学問の自由」をより実質的に守るためには、「大学の自治」、あるいは学術会議のようなアカデミーの自治の重要性をより強調して論じる必要があると思うようになった、とおっしゃっていました。

ここに大きなポイントがあると思います。学術全体が健全な発展をするためには何が必要なのか。すべてはそこから考えられるべきです。先ほど触れた戦後すぐの学者たちの述懐のように、個人としては、軍事研究でも何でも研究費さえ獲得できれば自分の研究ができるかもしれません。それを「自由」と思うかもしれません。しかし、研究の国家統制が進んで行けば、ミクロな「自由」と引き換えに、マクロなレベルで「自由」を失って行くことになる。ここのところを、ぜひ理解すべきです。

政治学者の松下圭一さんは、自治体という、個人と国家の中間にあるものを、個人が国家に対抗して行くための、一種の自由の砦と考えていました。砂粒のような個人が国家と直接対峙することはできないから、自治体において連帯することによって国家と闘うということです。大学のような自治的な研究機関、そして学術会議のようなアカデミーも、同じような意味でとらえられるべきです。

社会の多元性を確保するために

もちろん、政府は、一応、形式的には民主的に選出されており、したがって政府の意見は一定の正統性をもっています。何でもかんでも政府の言うことに反対すればいい、ということではありません。その意味で、私も、政府と学問とが常に対抗関係にあるとまで言っているわけではない。しかし、政府にとって耳が痛いようなことを言う存在が社会の中にないと、一つの方向に暴走してしまうおそれがあります。

長期的に見れば、そうした異なった考え方を社会の中に維持しておくことが多元的な社会の存在を保障することになる。今回の学術会議の問題が、そのことを改めて考えるきっかけになれば、と思っています。

国策は学問を育てられるのか
——「親子関係」の行き着くところ

阿部公彦

Abe Masahiko
英米文学者。東京大学大学院人文社会系研究科教授。神奈川県生まれ。専門は近代英米文学・英米詩。東京大学大学院修士課程修了、ケンブリッジ大学大学院にて博士号取得。訳書に『フランク・オコナー短篇集』、共著書に『ことばの危機——大学入試改革・教育政策を問う』（東京大学文学部広報委員会・編）、著書に『英詩のわかり方』『英語文章読本』『史上最悪の英語政策——ウソだらけの「4技能」看板』『理想のリスニング——「人間的モヤモヤ」を聞きとる英語の世界』など。

東京大学は国策大学なのか

二〇一九年は大学入試が大混乱した年として記憶されているが、すでにその数年前には制度の是非をめぐってさまざまな声があがり、大学側の対応も紆余曲折《うよきょくせつ》していた。そんな中、政策を主導する立場にあった安西祐一郎・中央教育審議会元会長が、「読売新聞」

のウェブ連載コラムで東京大学を厳しく批判するという一幕がある。
「改革」の目玉政策の一つは大学入試における英語民間試験の活用だったが、東京大学は民間試験の活用にはいくつかの未解決の問題があるとして活用をためらった。安西氏は苛立《いらだ》ちを隠さず、下記のような発言を行ったことが、二〇一八年九月一〇日付のウェブ記事に掲載されている（異見交論55「東大の見識を疑う」安西祐一郎・中央教育審議会前会長、https://kyoiku.yomiuri.co.jp/rensai/contents/55.php）

東大は国民の負託を受けて多額の税金が注入されている明治以来の国策大学だ。（中略）東大は国家のための大学として、世界の転変の中でわが国と世界の未来を創っていく、またそのためにリーダーシップを取れる卒業生を多数輩出して世界の一流大学として人材ネットワークを創り上げていく、その牽引者《けんいんしゃ》たるべき責任がある。現状の東大入試は、この大きな責任を全く果たせていない。

安西氏は、東大が英語民間試験を採用しないことを理由に「大きな責任を全く果たせていない」と考えたようだ。しかし、民間試験の活用はその後、さまざまな構造的欠陥があることが明らかになり、実施直前になって中止に追い込まれる。皮肉なことに東大は民間試験の採用に慎重さを示すことで「責任」を果たしたとも言えよう。しかし、今、問題にしたいのはそのことではない。

仮にも中央教育審議会の会長だった人物が、「国策大学」という言葉をこうした形で平然と使ったのである。衝撃を受けた人も多かった。まるで明治時代に逆戻りしたかのような「富国強兵」のレトリックがそこには垣間《かいま》見《み》える。もし、こうした考えに違和感を抱かない人が再び増えているのだとしたら、あらためて立ち止まり、私たちの今いる地点を見つめ直すべきではないだろうか。以下、本稿ではこうした「国策大学」的な発想こそが、大学政策の混乱と迷走を引き起こし、ひいては大学の健全な発展をさまたげていることを示したい。その理解の助けとするべく使うのは、「親子関係」という補助線である。

東京大学の「負の遺産」

東京大学には「東京大学憲章」なるものがある。大学のいわばマニフェストであり、その精神的な土台を形成する重要な文言だが、通常、教職員も学生もほとんどその存在に注意を向けない。東京大学憲章があらためて注目を浴びるのは「有時」の時だけである。今、まさにその有事が訪れたと言えるだろう。
その前文には次のような一節がある。

東京大学は、1877年に創設された、日本で最も長い歴史をもつ大学であり、日本を代表する大学として、近代日本国家の発展に貢献してきた。第二次世界大戦後の1949年、日本国憲法の下での教育改革に際し、それまでの歴史から学び、負の遺産を清算して平和的、民主的な国家社会の形成に寄与する新制大学として再出発を期して以来、東京大学は、社会の要請に応え、科学・技術の飛躍的な展開に寄与しながら、先進的に教育・研究の体制を構築し、改革を進めることに努めてきた。

「それまでの歴史から学び、負の遺産を清算して平和的、民主的な国家社会の形成に寄与する新制大学として再出発を期して……」を読めば、安西氏の唱える「明治以来の国策大学」という構図が明確に否定されていることははっきりしている。そして前文は下記のような一節で締めくくられる。

日本と世界の未来を担う世代のために、また真理への志をもつ人々のために、最善の条件と環境を用意し、世界に開かれ、かつ、差別から自由な知的探求の空間を構築することは、東京大学としての喜びに満ちた仕事である。ここに知の共同体としての東京大学は、自らに与えられた使命と課題を達成するために、以下に定める東京大学憲章に依り、すべての構成員の力をあわせて前進することを誓う。

ここでは、かなり意識的に「開かれ」「差別から自由な知的探求の空間」といった表現が使われていることが重要だ。開かれていることと、そして自由であることこそが、「負の遺産」を清算するための最大の理念となったのである。もちろん、これは東大に限ったことではない。日本の大学は——そして学問と知は——このような形で新しい出発を果たしたのである。

国策大学に未来はあるか？

では、なぜ決別したはずの「負の遺産」がいまだに亡霊のように頭をもたげるのだろう。なぜいまだに、国策大学として国家権力に盲従し、国益の増大に資するのが大学だといった論調がまかり通るのだろう。

スペースを節約するために、ここで箇条書きで論点を整理してみたい。どこで議論がねじれているかが明確になるはずだ。以下、安西氏の奉ずる「国策大学」という理念を立て、それと連動する考えをならべてみる。

国策大学は……、

- ●国家の利益を最優先する。
- ●国家の利益は権力者の主導の下に示され、追求される。
- ●国家の利益は、結果的に国民を幸福にする。

●国家の利益はときに、他の国家の利益とは対立する。

●国家の利益を追求する権力者は、その目的を達成するために権力遂行を阻害する者を排除する。

●国家は大学に資源をつぎ込むのだから、当然、大学は国家に対し相応の役割を果たす、つまり「恩返し」をすることが期待される。

●グローバル化の時代にあって、大学は日本という国家の国際競争力を高めることでその役割を果たす必要がある。

国策大学という看板をかかげる時に、こうした思考が付随的に連鎖することには異論はないだろう。はっきりするのは、国策大学という理念が「国家の利益」という概念を設定することなしには成り立たないことである。国策大学という理念に賛成する人もそこには反論しないはずだ。

しかし、国家の利益とはいったい何だろう。国益という考えは、時に「グローバル化」という言葉の連呼とともに唱えられることが多いが、そうした「グローバル化」というフレーズの連呼でイメージされるのは、国際舞台に日本という国が飛び出していき、オリンピックに出場する選手さながら日の丸を背負って、より多くの金メダルの獲得を目指すという構図である。

残念ながら、そんなグローバル舞台はどこにもない。誰もが実感しつつあるように、グローバル化の正体は、もはや実質的には「母国」をもたない（つまり「母国」にそれほどの税金も払わなければ、「母国民」を大量に雇用することもない）多国籍企業の巨大化であり、ライバルと目される他国の企業にも部品を提供する複雑な供給システムの広がりである。人材の流動化は進み、たとえ「日本の企業」であっても、日本で生まれたのでもなければ日本国籍もない、あるいは日本語を母国語ともしない社員の力なくしては機能しなくなりつつある。東大でも、最も大きな工学系研究科では、博士課程に在籍する学生の半数は外国人学生なのである。[1] こうした事例からもわかるように、もはやどこまでが「日本」という国なのか、その線引きができなくなりつつあるのが現実なのだ。

そんな中で、まるで日本という国が一丸となって他の国と競争し、「国益」を追求しているのだ、といった見方に執着することにどんな意味があるのだろう。むしろ、こうした状況で「国益」にとらわれることには弊害の方が大きく、それが最も如実にあらわれるのがまさに大学なのである。大学に集まる人材の多くは、将来、日本の国益を増進しようなどとは全く思っていないだろうし、そんなことを「義務」として押しつけたら、人材は集まらなくなる。ところが大学を改革すると称する議論は、いまだに旧態依然とした「国益」理念を隠し持ち、そのためにさまざまな制度に歪みや矛盾が生ずることになる。[2]

悪名高い「改正国立大学法人法」

その歪みの典型が、大学の学長選考について規定を設けた「国立大学法人法」の二〇一四年の改正である。[3]この改正はかねてから問題点が指摘されていたが、二〇二〇年、あらためて注目を浴びることになる。この年、東京大学や筑波大学で学長選考が行われたのだが、その透明性や公平性をめぐってさまざまな批判が起きた。東京大学では総長選考会議の秘密主義や候補者選出の不透明さが問題となり、さまざまなルートから公開質問状や要望書が出された上、選考会議の音声まで流出し大きな混乱が起きた。[4]筑波大学では、学長の任期を学長選考会議が撤廃、しかも教職員による意見聴取（意向投票）を無視し、現役の学長自身が選んだ選考会議メンバーによって自ら学長として再任されるという驚くべき事態も起きている。いずれの場合も波乱の要因となったのは、学長選考会議への過度な権力の集中だった。それを可能にしたのが、悪名高いこの「国立大学法人法」の改正だったのである。

とくに問題となるのは、この改正にともなって出された「通知」の学長選考の方法を規定する「留意事項」の記述である。この箇所、実にわかりにくく書かれているのだが、この「わかりにくさ」が、まさにこの法律とその背後にある考え方の歪みを間接的に示していると思われるので、まずは原文そのままの引用を示す。是非、その「わかりにくさ」を味わっていただきたい。

なお、選考の過程で教職員による、いわゆる意向投票を行うことは禁止されるものではないが、その場合も、投票結果をそのまま学長等選考会議の選考結果に反映させるなど、過度に学内又は機構内の意見に偏るような選考方法は、学内又は機構内のほか社会の意見を学長又は機構長の選考に反映させる仕組みとして設けられた学長等選考会議の主体的な選考という観点からは適切でない（以下、略）。

あまりにわかりにくいので、英文解釈教室風の整理をしてみよう。挿入的な部分を括弧に入れ、書体を変えると以下のようになる。

なお、（選考の過程で教職員による、いわゆる意向投票を行うことは禁止されるものではないが、その場合も、）投票結果をそのまま（学長等選考会議の）選考結果に反映させる（など、過度に学内又は機構内の意見に偏る）ような選考方法は、（学内又は機構内のほか社会の意見を学長又は機構長の選考に反映させる仕組みとして設けられた学長等選考会議の主体的な選考という観点からは）適切でない（以下、略）。

挿入部分をいったん取り除いてみれば、何のことはない、要するに「なお、投票結果をそのまま選考結果に反映させるような選考方法は、適切でない」というごくシンプルな文なのだ。ところがこのシンプルな文にあれこれと挿入が入っている上、言葉の重複もあって、日本語母語話者が読んでも眩暈《めまい》がしそうな文章になっている。

なぜこのようなことになったのか。それはおそらく、「投票をしてもいいが、その結果は無視せよ」という文言をそのまま出すと、さすがに理屈が破綻していると思われてしまうからだと考えられる。それを避けるために、あれこれ言い訳めいた挿入がされた。例えば教職員による「投票」には、「過度に学内又は機構内の意見に偏る」といった修飾語をつけ、あたかもそれが偏向しているかのように貶《おとし》める。逆に「学長等選考会議」には「学内又は機構内のほか社会の意見を学長又は機構長の選考に反映させる仕組みとして設けられた」といった説明をつけることで、その正当性を強調しようとする。ところが、こうしたレッテル貼りや正当化が、わかりやすく納得のいく文章として形になってはいない。その原因は単にこの一節の執筆者が文章が下手なためだけではなく（それも一因かもしれないが）、そもそも書き表そうとしている内容に無理があるからだ。[5]

「社会」と「主体」には要注意

とくにその言い訳めいた正当化で鍵になるのは、「社会の意見」とか「主体的な」といった文言だ。教職員による投票よりも選考会議の判断が優先される根拠として、選考会議が「社会の意見」を反映するかのような言い方がされているが、筑波大学の例を見てもわかるように、学長を選ぶ会議のメンバーを学長自身が選んでいるわけだから、「社会」どころか、ごく少数の構成員からなる集団がほとんど権力を私物化するようにして学長選考を行っていると言ってもいい。

選考会議に過大な権限を与えるに際し「主体的な」という言い方がされるのも奇妙である。教職員の意見は取り入れないと言っているわけだから、大学の自治は限りなく抑圧している。その一方、選考会議には絶対的な権限を与えるという。そこで使われるのが、うっすら道徳性をにじませた「主体的」という言葉なのである。

「主体的」という言い方をわざわざするからには、その背後に明確に「主体」が見えるべきだろう。しかし、肝心のその部分は実にあいまいだ。そもそも選考会議とはいったいどのような「主体」なのか。この会議はあくまで大学という機関に奉仕すべき存在ではないのか。ところがいつの間にか、この会議には「主体」という名の下に絶対的な、ほとんど独裁的なほどの権限が与えられることになる。どうしてこういうことになるのだろう。前出の「社会の意見」なる表現が、実体不明のまま選考会議の権限を支えるのに都合良く使われていることにも注意したい。「社会の意見」を反映させるというのならまずは多様な声に耳を傾けることから始めるべきだ。ふつうに考えるなら、その第一歩としては大学構成員の意見に耳を貸すことになるはずだ。

本来の「主体」がどこにあるかを慎重に考えることなく、「主体的」といった言い回しを粗雑に使うことで、今や、学長選考会議なる組織が大学の「主体」を代表しうるかのように誤解されつつある。もちろん、会議にはそれほどの権限はないはずだ。しかし、「主体」という概念を半ば意図的にあいまいにしてきたために、学長選考会議やこの会議で選ばれた学長の権力ばかりが、制動装置の外れた権力機関のように暴走しつつある。

強制された主体性の裏にあるもの

そもそも主体性なるものは、上から強制されるものではない。こうした強制された主体性には、表には出ない「内面化された従属意識」がまぎれこみ、本来の主体性とは程遠い、権力者の顔色をうかがうような忖度へとつながる。実際、東京大学や筑波大学を含め各地の国立大学で起きている選考会議の迷走から見て取れるのは、選考会議のメンバーが政権に近い人物たちで構成されることが多く、しばしば偏った判断をする上、それを強行しようとして学内の反発を呼んでいるということである。[6]

あらためて問おう。なぜ、選考会議のイニシアティブがそれほど重要なのか。限られたメンバーによる決定では、かえって恣意的な判断が行われ、党派的な利害関係が優先されたり、場合によってはメンバーの能力不足から全く適切でない決定に至ったりする危険はないのか。にもかかわらず、なぜそのような権限の集中を行うのか。理由として考えられるのは、一部の人間が恣意的な判断を行えるような枠組みをつくれば、上からのコントロールが容易になるということだ。つまり、この法律の下では大学の主体性は形骸化し、上位の権力に従うことでしか「主体」のあり方が保証されなくなる。しかも、「社会の意見」とか「主体的」といった言葉をちりばめることで、そうした権力の痕跡も見えなくなっている。

主体性を上から強制するという矛盾に満ちたジェスチャーには、こうした目論見が透けて見える。その背後には明治以来の大学像が依然として残っている。親としての国から命を受けた子としての大学が、もはや親には計り知れない知の領域を「主体的」に開拓しつつ、親の恩は忘れずにその意志を「主体」の中に内面化し、最後まで従属意識は捨てずに親の役に立とうとするのである。

しかし、先に見た「留意事項」のおさまりの悪さからはからずも露呈したように、もはやこうした大学像には無理がある。私たちにはより新しい大学像の構築が必要なのである。国家権力が大学に対し、まるで親が子に対して育てたことの恩返しを求めるような、つまり疑似親子関係を盾に服従を要求する時代は遠く過ぎ去った。権力は、もはや「日本」というわかりやすい「利益集団」を代表し得なくなったし、大学の「責任」も国益や日本といった単位に向けられるべきではない。「留意事項」によってとってつけたように組み込まれた「社会」という理念を精査し、よりわかりやすい形で大学をめぐる議論に生かす必要がある。

大学の未来像

では、具体的にはどうすればいいか。東京大学憲章にすでにその答えは書かれている。

大学というのは「場」にすぎないのである。国家のために「知の兵隊」を供給する練兵場でもないし、敵が攻めてきた時に防衛を担う「知の防塁」でもない。さまざまな人が訪れ、滞在し、交流し、やがては去っていく通過点なのだ。それがまさに知のグローバリズムなのである。ここには国家という枠とは異なる、「公共」という理念が必要だろう。国際競争ということを言うなら、日本チームが何位にくるかを競うよりも、大学が公共の「場」として、世界に向けどれくらい魅力的に見えるか、どれくらい人びとが「訪れたい」と思うかを考えるべきなのである。

繰り返すが、大学政策にはもはや「親子関係」モデルは通用しない。国立大学法人法には明らかに「子」を指導するかのような「親」の態度がありありと出ているが、強制された偽りの主体性は一部権力者、利権者の意思を大学運営に反映させる装置となるにすぎない。東大、筑波大などの学長選考の混乱から見えたのも、一部の狭いサークルの人物たちが大学の運営を支配しようとする構図である。グローバル化といいながら、まるで明治時代のように国と大学が一体化して国威を発揚するかのような姿勢がそこに確認できるとしたら驚かざるを得ない。グローバル化した世界で、これほど奇妙なふるまいはないだろう。[7]

大学の学長がどれくらいの激務かは、少しでもその近くにいたことのある人間ならすぐにわかる。大学は巨大化し、その業務はどんどん複雑化している。それぞれの業務の専門化も進んでいる。「リーダーシップ」の名の下に権力を集中しようとすればするほど、権力は機能不全に陥る。むしろいかに上手に権力を分散するかが組織の安定には求められているのだ。分散しつつもバランスをとり、不必要な停滞を避けつつも、過度の性急さや偏りを避ける、そんなシステムの構築が必要なのである。[8]

国家の線引きがあいまいになり、国民なる概念が自明のものでなくなっていけば不安になる人も多い。そんな時にもっとも手軽に「国らしさ」を誇示するのは軍事力だろう。野球チームと同じで何より重要なのは指揮系統。軍隊は集権的なシステムなしには機能し得ない。だからこそ、権力者は軍事力にこだわる。これほど国家権力の存在感を示すものはないのだから。そしてそれが彼らの支持率にもつながるのだから。

権力にとどまるために政治家は、権力そのものの演出をせざるを得なくなってきた。粛々と法に従っていては、権力は権力に見えなくなる。むしろ法を踏み越え、時には破ること。そのことではじめて権力らしさを見せつけることができる。そういうふるまいこそが、権力者に権力者らしくふるまってほしいと思う人びとを魅了することを彼らは知っている。そういう意味では、彼らにとって日本学術会議の任命拒否は一石二鳥だった。軍事研究に第一歩を大きく踏み出すための示威行為であるとともに、権力そのものの自己演出だったのだから。もちろん、これが非常に危険な火遊びであることは間違いない。

注

1　工学系の博士課程在籍者一一五六人のうち外国人学生は五五九人（二〇二〇年一一月一日現在）。人文社会系研究科でも、とくに日本関係の研究をしている分野では外国人学生の比率は高く、年度によっては半数以上が外国人学生ということもある。
　東京大学ＨＰ「学生数の詳細について」https://www.u-tokyo.ac.jp/content/400150866.pdf（二〇二〇年一一月二二日閲覧）

2　なお、東京大学の理事として国からの圧力の矢面に立った石井洋二郎は、次のようなコメントを残している。

東大は「国立」大学であって、「国策」大学ではありません。そして本学が拠って立つところの「国」とは、あくまでも国民全体のことであるはずです。もし国策に疑問があれば、率直に議論を戦わせ、誤りがあれば毅然としてこれを糺《ただ》すことが国立大学に託された本来の使命でしょう。

　東京大学がアカデミアとしての良識と揺るがぬ矜持《きょうじ》の念をもってその使命を果たし続けること、そして知的興奮と感動に満ち溢《あふ》れたキャンパスから、未来を切り拓《ひら》くすぐれた学生たちを世に送り出し続けることを願ってやみません。

（「学内広報」no.1521、二〇一九年四月二二日、六頁。https://www.u-tokyo.ac.jp/content/400115292.pdf）

3　https://www.mext.go.jp/b_menu/hakusho/nc/__icsFiles/afieldfile/2014/09/10/1351814_7.pdf参照（二〇二〇年一一月二二日閲覧）。

4　東京大学総長選考の混乱については「２０２０東京大学総長選考を考える」に詳しい。当時の記事へのリンクもある。http://2020sochosenkofrage.mystrikingly.com/（二〇二〇年一一月二二日閲覧）
　筑波大学の状況については「筑波大学の学長選考を考える会」を参照。https://www.2020tkbgakucho.net/（二〇二〇年一一月二二日閲覧）

5　二〇二〇年一二月二五日に「国立大学法人の戦略的な経営実現に向けて～社会変革を駆動する真の経営体へ～最終とりまとめ」が公表された。そこには、本稿で注目した学長選考をめぐる「留意事項」の記述と同趣旨の内容を述べた一節があるが、左記のようにかなり表現が調整されているのが興味深い。

> 国立大学法人の学長は、学長選考会議が、その責任と権限の下、自ら定める基準により主体的に選考することとされている。したがって、学長選考会議が意向投票の結果に拘束されることがあってはならず、例えば、候補者のうちの一人が過半数を獲得するまで意向投票を行うことにより、学長選考会議が、意向投票の結果をそのまま選考結果に反映させ、過度に学内の意見に偏るように受け取られることは避けるべきである。また、学長選考会議が、意向投票を一つの手段として活用する場合には、学長候補者が学内構成員と確固たる信頼関係を築き、その下で強力なリーダーシップを発揮できる能力を有するかどうかの確認の参考とするなど、実施目的や位置付けを明確にして、説明責任を果たすべきである。（傍線部引用者）

全体としては、あいかわらず「親子関係」を彷彿《ほうふつ》とさせる権威主義的な口調が読み取れるものの、傍線部などでは各地で多発する学長選考をめぐる混乱への意識も見え隠れする。つまり、筑波大の例にも典型的にあらわれていたように、意向投票の結果を無視し学長選考会議の「責任と権限の下」で選ばれた学長候補者が、学内構成員の信頼を得られず、大学の運営に支障が生まれていることが危機感をもって受け取られつつあるのである。こうした文言の「調整」は、まさにそれが「調整」であるがゆえに全体の枠組みを正すまでには至っていないが、将来的には、こうした視点が「強力なリーダーシップ」といった耳に聞こえのいいフレーズを相対化し、精査するきっかけになることを願っている。

https://www.mext.go.jp/content/20201225-mxt_hojinka-000011934_2.pdf（二〇二一年四月五日

閲覧）

6　福岡教育大の学長選考会議の問題については、次のような報道がある。https://www.data-max.co.jp/article/24820/（二〇二〇年一一月二二日閲覧）

7　学長選考会議は、東大は一六人のメンバーで構成され、筑波大は二四人。決して多いとは言えない数だが、この二つの大学の会議に小林喜光氏（三菱ケミカルホールディングス取締役会長）と岸輝雄氏（新構造材料技術研究組合理事長／外務大臣科学技術顧問〈外務省参与〉）の二名が重複して参加している。とくに小林氏は経済財政諮問会議の議員を務め（二〇一三―一四年）、産業競争力懇談会では理事長（二〇一五―一八年）も務めた人物である。東大の選考会議議長の小宮山宏氏も教育再生会議をはじめさまざまな政府の委員を務めてきた。果たして、これらの人物たちが政権と「近い」のかどうか、こうした顔ぶれが一部財界人等の意向を大学の人事に反映させることにつながるかなどの判断はここでは差し控えるが、メンバー構成を継続的に注視する必要があるのは間違いない。

東大メンバー　https://www.u-tokyo.ac.jp/content/400147177.pdf（二〇二〇年一一月二一日閲覧）

筑波大メンバー　https://www.tsukuba.ac.jp/public/meeting/gakusen/2020gakusen-namelist.pdf（二〇二〇年一一月二一日閲覧）

8　すでに注5でも触れたように、学長への権限の集中がもたらす弊害がいくつかの大学で明らかになったこともあり、学長に対する学長選考会議の牽制機能を高めようとする法改正が計画されている。たとえば「学長選考会議において学内と学外の委員は同数となるように徹底する」との旨が明記され、学長選考会議の中立性を高めようとする意図は見える。しかし、依然として会議のメンバーを選ぶ二つの学内委員会のトップを務めるのは学長であり、恣意的な運用は可能である。制度の歪みを防ぐには、大学構成員（教職員など）による牽制機能の整備が必要だと思われる。（二〇二一年四月現在）。具体的には、全国大学高専教職員組合中央執行委員会の声明「『国立大学法人法』改正案における学長選考のあり方への見解」でも提案されているように、教職員による情報開示やリコールの制度の導入などが考えられる。

https://zendaikyo.or.jp/index.php?key=joti6v7gr-544#_544（二〇二一年四月一四日発表）

「自由」が奪われるときの危険な兆候を見抜く

石川健治
望月衣塑子

Ishikawa Kenji
憲法学者。東京大学法学部教授。東京大学法学部卒業、東京大学法学部助手、東京都立大学法学部助教授、東京都立大学法学部教授を経て現職。「立憲デモクラシーの会」呼びかけ人の一人。著書に『自由と特権の距離—カール・シュミット「制度体保障」論・再考』などがある。

Mochizuki Isoko
東京新聞社会部記者。慶應義塾大学法学部卒業。二〇一七年、「武器輸出及び大学における軍事研究に関する一連の報道」で「第二三回平和・協同ジャーナリスト基金賞」奨励賞に選出。著書に『武器輸出と日本企業』『新聞記者』、共著に『同調圧力』『権力と新聞の大問題』などがある。

スクープの波紋とコロナ禍の影響

望月　菅義偉政権による日本学術会議の新会員任命拒否の第一報は、「しんぶん赤旗」のスクープでした。あの記事が出たのは二〇二〇年一〇月一日でしたが、実はその少し前に、私もその情報を聞きました。任命を拒否された一人である松宮孝明先生（立命館大学法科大学院教授）が「自分を含めた数名が外されている、こんなことは初めてではないか」と言っていると、ある研究者を介して東京新聞の論説委員経由で連絡を頂いたのです。

その頃は、菅さんが「令和おじさん」「パンケーキおじさん」などと言われて、一気に支持率が上がっていた時期でした。でも、いざ菅政権がスタートしてみると、記者会見はやらない、総理就任会見も四、五人の質問で終わってしまう、それなのに「パンケーキ懇」のような形で内々で記者クラブと会合を持つなど、知る権利からどんどん離れていく動きが目立ちました。私の関心がそこに向いていたこともあって、松宮先生のお話にすぐ反応できず、ご連絡を頂いたのは午前でしたが、夕方午後六時過ぎにお電話したときは不在にされていたので、日を改めてかけ直すつもりでした。そうしたら、次の朝、「しんぶん赤旗」がどーんと一面トップでスクープ記事を出して、記者としてはものすごい特ダネを落としてしまいました。

赤旗の関係者にスクープの内実を聞いたら、松宮先生がフェイスブックでつぶやいたことを見つけた記者がすかさず反応して記事につなげたという話だったようで、リークがあったわけでは全くないんです。それなのに、与党などからは、それなりにまともに見える自民党議員からも「共産党が仕掛けた権力闘争だ」「これは共産党との闘いだから」というような話をされるなどしてショックでした。

石川　そういう変な政局の話に持っていかれないように、私も比較的早い段階で意見を出して、立場性を超えたところで一般的な枠組みが破壊されている事実に警鐘を鳴らそうとしたのですが、結局は党派性の問題に矮小化《わいしょうか》されてしまいましたね。

望月　メディアもなかなか取り上げない中、自民党プロジェクトチームは「学術会議は政府から独立すべきだ」と言い出しました。学術会議の成り立ちなど、これまでの経緯を全部飛ばして「独立させる」というのですから、菅さん、あるいは杉田和博官房副長官の意向もあったのでしょう。「これは大変なことになった」と危機感が募りました。

石川　要は、ネオリベラリズム（新自由主義）的な了解の枠組みをあてはめて、学術会議は「既得権」の塊だから変えなきゃいけないと論点をずらし、本当の問題の所在をごまかそうとしたわけです。その結果、お得意の「聖域なき改革」論議が暴走しはじめて、一時は非常にまずい状況になっていたと思います。

望月　ちょっと深掘りすれば、菅首相が言っている、「準公務員とはいえ、公務員だ」「一〇億円もの予算、税金を使っているんだ」などという話が、日本学術会議法三条ができた歴史的な経緯や法の趣旨を完全に踏み外していることは明らかなのに。なぜか、首相の「苦し紛れ」にしか聞こえない話を、一部の有識者やジャーナリストたちが声高に叫び、一部メディアが「両論併記」を装い、繰り返し報じることで、一定数の世論に受け入れられてしまっている。「公務員は税金をもらっている立場なのだから政府の言うことを聞くのは当たり前だ」という見解が一部の人たちの中でまかり通ってしまっている状況に、愕《がく》然《ぜん》としました。

結果、世論調査を行うと学術会議問題の菅首相の任命拒否に対する賛否は拮抗していました。菅政権もこうした世論の空気を敏感につかんで、当初は「二〇二〇年末までに学術会議の今後の在り方を含めた政府の方向性を出す」と言い切っていました。それが一二月になり、コロナ第三波の感染が急拡大し、「Ｇｏ Ｔｏ」に固執する菅首相に世論の批判が集中する中、結局、学術会議で四月の総会に向けて組織の在り方を議論するということになりました。学術会議に対し、いじめのような強い姿勢でいたのが、かなり腰砕けになったという印象です。

本当に改革し、学術会議を政府から独立させたいならば、年末か年明けに大臣直轄の有識者会を立ち上げて、組織独立を含めた議論を始めていたことでしょう。それさえもやらないというのは、新型コロナウイルスの感染が拡大し、政府の対策への批判が高まって、政権運営の余力がなくなってきたので、変なところで足を掬《すく》われないようにトーンダウンした、ということだと思います。六人の任命拒否という状況はそのままではありますが、ひとまず学術会議の組織の解体や政府予算の打ち切りにまでつながることはなくなり、少し安堵《あんど》しました。

石川　ある意味、コロナ禍のおかげで良識的なブレーキが働いたということですね。もちろん今後どうなるか分かりません。しかし、学術会議が改革を要する組織であることは確かだとしても、変な変えられ方をしないで済みそうだという点では、胸をなで下ろしたというところでしょうか。

「世間の常識」を基準にする危うさ

石川　学術会議の問題は、乱暴な統治者が突然出てきた結果として起こったわけでも、また日本に限って発生した話でもありません。この三〇年ほどの間のネオリベラリズムの時代において、目先の効用だけのために大学を使おうという流れが強まり、目先ではないところで研究している学者たちに対して「聖域なき改革」が世界のあちこちで断行されてきました。今回の問題は、そうした大きな枠組みで捉えて議論する必要がある、というのが私の考えです。

遡れば、石原慎太郎都知事の時代の東京都でも、都立大学をもっと「役に立つ」大学にすべく、東京都庁からの介入が繰り返されました。当時、私は都立大学の教員でしたが、そのとき新宿から送り込まれた事務局長は、「世間の常識をカバンに詰め込んで大学に通う」と言っていたんです。これは、良い面悪い面を含めて、極めて意味深長な発言だったと思います。そこにいう「世間の常識」とは、つまり経済の論理・市場の論理であり、そこには「金を出す者の言うことを聞け」ということも含まれていたわけです。私はこの段階で席を立ったのですが、その後、大学サイドで成案にまでこぎ着けていた内発的な改革論議が、石原都知事とその周辺によって一方的に反故《ほご》にされ、最終的には新銀行東京の発足と併行する形で、首都大学東京への改組が強権的に行われました。多くの同僚たちがこれに反発して、やはり席を立ちました。

学術会議の一件で直接問われたのは任命権の問題でしたが、その元にあったのは、設置者である国がお金を出しているのに、なぜ言うことを聞かない、という極めて素朴な発想です。これは、世間の常識や市場の論理からいえば、「そうだ、その通りだ」と受け入れられてしまうんですね。

望月　現実には、学術会議は常にお金が足りない状況で活動しており、年末になると会長名で、「予算が足りなくなるため、出張費などの手当の申請は自粛してほしい」などの旨が書かれたメールが会議の全会員たちに毎年、回っているような状況なのに、世論調査などを見ると、そういう事情を知らないで「税金使っているのに、政府の言うことを聞かないのはおかしい」という話に賛同する人が一定数いました。政権の側は「学術会議の予算は税金、学術会議の会員は準公務員とはいえ公務員のようなもの。だったら、任命権がある首相の言うことを聞くのは当たり前だ」といった、なんとなくシンプルに聞くと理屈として成り立つように聞こえるカギ括弧を使って、世論を誘導しているような状況が多々見られ、そのような話が出るたびに愕然としました。

石川　「お金は出しても口は出さない」というところがなかなか納得されにくいんですね。これは、「あいちトリエンナーレ2019」の問題にも通じることですが、専門合理的な固有法則で動く学芸の世界については、「金を出した者が口を出す」という世間の常識とは違って、固有法則を尊重する特殊な空間をつくる、という約束事がなければ、学問や芸術というものは成り立たないんです。これは私人がパトロンであっても、政府がパトロンであっても同じです。既得権化している部分があることは否定しませんが、それは単なる既得権ではないんだというところを、ちゃんと議論していかないといけないと思います。

望月　いまの政府は学術会議法三条の趣旨を理解せず「内閣府の組織である学術会議が反発や批判するのはおかしい」というスタンスで、それが一定数の国民にも同じように受け入れられてしまっているわけですが、そもそも学術会議の成り立ちがどういうものだったのか、ということですよね。学術会議法三条には、「日本学術会議は、独立して左の職務を行う」と、内閣府の組織であっても政府から独立した形で勧告や助言が行えるということを法的に認めています。第二次世界大戦での反省を踏まえ、「政府にとっても耳に痛いことも言いますよ」ということで、これがとても重要な点で、学術会議の歴史的な成り立ちとともに、学術会議が持つ非常に大きな意味だと思います。しかし、それを政府も世論の半分も理解していないし、理解しようともしない、もしくは分かっていても見て見ぬふりをする。

憲法二三条は何を保障しているのか

望月　学術会議への官邸の人事介入は二〇一六年頃から始まっていますが、仕掛けたのは杉田和博内閣官房副長官であり、それを認めてきたのが官房長官時代の菅さんだったと思っています。それがたまたま今回、菅さんが首相になったことで、大きくクローズアップされたわけです。

杉田さんは公安官僚出身で、安定した政権が維持されることとイコール国益という発想の持ち主です。内閣人事局長になって官僚人事を掌握したのを皮切りに、最高裁の人事でも複数の候補者を提示させたり、検察庁人事でも閣議決定までして黒川弘務検事長の任期を延長させたりしてきた人ですが、その流れの中で、いままでは不可侵とされてきた学術会議にも手を出してきたということでしょう。

統治能力を高めるために抵抗勢力を削《そ》いでいくというやり方は、短期的には統治者にとって、抵抗勢力を封じ込めることで国内を統制しやすくなるので、メリットがあるかもしれません。しかし、もっと大きなベクトルで考えると、批判的な研究者や、市民やメディアなどの言葉や知識を封じ込めていくことは、国としての議論の多様性を失ってしまうことに直結し、長期的な観点から日本の行く末を考えたときに果たして望ましいことなのかどうかは、かなり疑問です。むしろ非常に貧弱な国家になっていってしまうのではないか。

時の権力というのは時代の変化とともにあっという間に変わっていきます。しかし、研究者たちは、時の権力に左右されない、普遍的な真理を追究していくことを本来の生業としている人がほとんどです。どういう人たちが時の権力者に就いたとしても、変わらない真理を提供するのが、研究者の重要な役割だと思います。時の権力者と相反するような価値観を持った研究者の声や市民の声が育っていない国は、結果として、永続的な成長が望めないと思います。一見、権力者にとって邪魔なように見えるもう一方の批判的な力というものが、実際はその国の成長にとって不可欠なものではないか、と思います。

石川　この三〇年の間、異論を排して権力を官邸に集中させる政治改革が進みましたが、コロナ対策での不手際や大学入試改革の失敗など問題が噴出してきている中で、本当にそれだけでよかったのかということを考える時期に来ていると思います。

アリストテレス以来の政治思想の永い歴史をたどってみれば、ブレーキがないほうが物事がスピーディーに決まって良いという考え方がある一方で、やはりブレーキが必要だという考え方もあります。そして、ブレーキとなる人間を排除して専制権力で突っ走った国は、基本的には皆つぶれていった。それゆえ、ファシズムや共産主義の隆盛で一旦は劣勢となった立憲主義が復活し、立憲主義憲法には権力の暴走を防ぐ「ブレーキ」が盛り込まれています。

戦後に日本という国を再建するにあたって、憲法が何を否定し、何を守ることにしたか、ということを考えてほしいと思います。その上で、二三条で学問の自由が、二一条で言論や出版の自由が保障されていることの意味を改めて問わなければなりません。そして、その背後には、大学やプレスなどの自律的な制度の存在が想定されています。

望月　石川先生は以前、「戦前、滝川事件や天皇機関説事件があったとき、メディアは政府の側に立って特権層である学者を叩《たた》き、在野の知識人も冷笑していた、また一般市民の関心も低かった」とおっしゃっていました。その先に何が起きたかといえば、防波堤が決壊したかのように思想弾圧が強まり、メディアは書きたいことが書けなくなり、市民も一色に染まって、最終的には太平洋戦争を迎えることになったわけです。

そのときの大きな反省に立ったからこそ、学問の自律性をしっかり守ろうという趣旨で「学問の自由は、これを保障する」と定める憲法二三条があるということですよね。

石川　単に「勉強する自由」ということであれば、実は憲法二三条は必要ありません。個人が勉強したり研究発表したりする自由は、日本国憲法では二一条（「表現の自由」）、さらに一九条の思想良心の自由の保障によって守られています。ですから、諸外国では「学問の自由」の条文がない憲法のほうが多いのです。ではなぜ、日本にこの二三条があるか、というと、それは歴史的にしか説明がつかない。

一方では、大学には設置者があり、それが定めた設置目的がある。教授は、そこに雇われたサラリーマン、戦前では多くが国家公務員です。しかし、そうである前に、自分たちは大学人であり、学問共同体をつくっており、そこには学問の固有法則が働いている。文部省は、設置者の立場から設置目的を掲げて、しきりに介入しようとしてきたが、それに対して、彼ら大学人は文部省に抵抗し、自治をかちとった。その実績が、「学問の自由」条項のなかった、明治憲法下においてもあったのです。

一九三〇年代に入って、滝川事件や天皇機関説事件などを通じて、結局文部省の介入に屈することになってしまったのですが、そこで大学という防波堤が決壊した結果、社会全体からも異論の自由が失われ、ブレーキのきかないまま戦争に突入し、わずか一〇年で国は滅びました。これへの反省を踏まえて、あらためて学問共同体の自治や自律、独立性を再建したしるしが、憲法二三条です。防波堤の再建ですね。そのようにして学問の固有法則を尊重することでこそ、学問は十全に開花し、ひいては社会に貢献できるはずだ、という理屈です。

つまり二三条は、「金を出しているんだから」あるいは「任命権者は国だから」言うことを聞けという理屈自体を、はね返すためにわざわざおいているものです。しかも、戦前とは違って、九六条の憲法改正手続きを動かさなければ、これを削除できません。

もちろん、憲法二三条が直接念頭においた制度は大学であって、日本国憲法は日本学術会議の存在を知りませんが、その後、大学を超えた学問共同体の実態にあわせて、理系のみならず文系を含めた各種の学問共同体を束ねるために、日本学術会議がつくられました。そして、そうした諸学問共同体の自律性の保障もまた、少なくとも法律レベルでは確立されています。それが、政治や政府からの「独立」をうたう、日本学術会議法です。

学問共同体には大小ありますが、「日本学術会議協力学術研究団体」として登録されなければ、学会を自称していても制度的にはただの研究会であり、研究会を名乗っていても学術会議に登録されていれば制度的には学会です。「学者の国会」といっても職能代表制の一種ですから、個々の研究者にとっては自分たちの代表という実感が持てないかもしれませんが、日本学術会議の存在は他人事《ひとごと》ではありません。

そして何より、日本学術会議法三条にいう「独立」とは、憲法二三条が念頭におく「自治」「自律」と、中身が全く同じです。人々の精神の自由の防波堤の防波堤としての学術会議については、憲法二三条の深い理解に立って考えることが必要だと思います。

「おかしい」と思うことには声を上げる

石川　学術会議の問題については、学者の一部からは、「学術会議の話なんて自分には関係ない」という声が聞こえてきます。声を上げている学者たちも、どうしても自分たちの内輪の話に夢中になってしまうため、これが世間の人とは関係のない、学者の世界だけのコップの中の嵐であるかのような、政府サイドの演出につながっている。けれども、自由というものが、どういうプロセスをたどって奪われていくのか、ということを考えるならば、学術会議に起こったことはけっして他人事ではありません。

確かにいまの時代、政府に反対することを言ったという理由で警察に捕まり、自由を拘束されるということは基本的にはないでしょう。しかし問題は、現代の統治のテクノロジーの下では、そういう目に見える分かりやすい形で自由が奪われるというより、もっと巧妙なアプローチで、権力が後ろから忍び寄ってくるのだということです。

戦前でさえも、実際に処分を受けたり罷免されたりした学者はかなりラディカルな人に限られていました。それ以外の人たちは首を引っ込めていれば、その時点では研究活動を阻害されることはありませんでした。が、気がついたときには皆が自由にものを言うことができない状況になっていた。学術会議問題は、同様に、じわじわと自由が奪われる兆候ではないかと疑うべきなのです。

望月　単に政府が一部の特権的な学者をいじめているという話にとどまらないのだということを、もっと多くの人に知ってほしいですね。学術会議の問題と人々が日々感じている世の中の不条理さのようなものをうまくつなげていく役割は、私たちメディアがやらなければいけないことだと思います。学術会議という「防波堤」を決壊させたら、その先には私たちメディア、そして芸術家や表現者たちの領域にも確実に同じことが起こり、戦前のように結果的にものが言えない社会になっていく。私たちはいま、そういう歴史の一つの分岐点にいるのだということです。

権力の暴走にブレーキをかけるということでいえば、現場で取材していて印象に残ったことがありました。大学入試での英語の民間試験導入の際に、当事者である高校生をはじめ、大学生、保護者や先生たちが抗議の声を上げ、それをしっかりメディアもフォローして、結果、英語の民間試験導入を当時の安倍政権が見送るという大きなうねりにすることができたんです。

トータルで一〇〇〇万もツイートされた「#検察庁法改正案に抗議します」も、とどめを刺したのは黒川さんの賭け麻雀問題だったかもしれませんが、もはやネット上の盛り上がりが無視できないものになったということでしょう。自民党幹部は初めこそ「たいしたことない」と馬鹿にしていましたが、大きな反響がネット上で広がるにつれ、彼らの言動も変わっていきました。

よく「私に何ができますか」と聞かれるのですが、何かを変えていく一つの原動力は、やはりひたすら市民が声を上げ続けることだと思います。自分の中でおかしいなと思うことに蓋をせず、素朴に声を上げていくことが大事で、たとえばツイッターでつぶやいてもいいし、メディアに電話をかけてもいい、自分が住んでいる自治体の議員に意見を送ってもいい。そしてその声を、メディアを含めた外にいる人たちに伝えていくということでしか、政治は変わっていかないのだと思っています。

沈黙を許してはいけない

望月　学術会議問題は、学問の自由を守る防波堤が壊される危険な兆候だったと思いますが、その危なさがなかなか見えにくいところがあるという気もします。先生から見て、もし、こういうことがあったら非常に危機的な状況だというポイントのようなものがあるのだとしたら、教えていただけないでしょうか。

石川　これは政府に限らない話ですが、一つの着眼点はやはり「自律と責任」ということになるでしょう。自律性を尊重するといってもそれは任せっぱなしということではなく、むしろ自律性を認める代わりに、その分重い責任を負うという格好になる。預けられた側には、説明責任が発生することになります。

　そして、何か批判を受けたときに、その責任を負っている側の口数が少なくなってきたら、非常に危ないんです。国民や議会から政治を預けられた政府については、特にそうです。これはつまり説明をしない、責任を持たないということですから。批判者は責任を追及することができなくなり、暴走を許すことになってしまいます。

　たとえば、安倍政権は何か問題が起こったときにはいつも「説明する」と言ってきましたが、結局一度もまともな説明をしなかったですし、菅さんもどんどん口数が少なくなっている。それ以上に、杉田和博さんは何もしゃべらないわけです。学術会議の問題でも、本当なら法律に基づいてこうしましたという公的説明があれば、おそらく皆、納得したでしょう。しかし、その理由は説明できないので、政権は沈黙しました。

彼らがなぜ黙っているかといえば、学術会議には学術会議法で自治が保障されており、官邸はその自治を壊しているということを知っているからです。だから説明できないということなんです。

望月　その通りですね。

石川　要するに、問答無用になったときが危ない。自由が奪われるときの一つの局面として、いまのように、権力者の口数が少なくなるということがある。それは大変危険な兆候であり、我々は絶えず説明を求めていかなければならないと思います。

第二章

文化芸術の自由は誰のためにあるのか

「自由」を守るのは、対話を通して生まれるシティズンシップ

津田大介

Tsuda Daisuke
ジャーナリスト、メディア・アクティビスト。東京都出身。メディアとジャーナリズム、著作権、コンテンツビジネス、表現の自由などを専門分野として執筆活動を行う。主な著書に『動員の革命――ソーシャルメディアは何を変えたのか』『ウェブで政治を動かす！』『情報戦争を生き抜く――武器としてのメディアリテラシー』などがある。政治情報サイト「ポリタス」にて編集長を務める。週刊有料メールマガジン「メディアの現場」を配信。

「あいちトリエンナーレ2019」と同質の問題

日本学術会議の会員任命拒否のニュースが耳に入った時、正直、驚きはありませんでした。というのも、僕が芸術監督を務めた「あいちトリエンナーレ2019」[1]（以下、「あいトリ」）において、文化庁による補助金の不交付という事態をすでに経験していたからです。

「あいトリ」の補助金に関しては、複数の文化政策や芸術の専門家が委員となって、補助金を支払うのは適正かどうかということを判断し、それによって一度は補助金が支払われることが内定していたんです。それが何らかの理由によって覆るということは前例がなかったし、覆ったことに関して、交付を決めた専門家の委員の人たちへの報告もなかった。そして、文化庁長官はこの件に関しての決裁をしていないという。では、誰がこの不交付を決裁したのかというと、文化庁の高級官僚ということになるのですが、その具体的な名前は分からないし、決裁の議事録も残っていない。

こうしたブラックボックスの中で、突然、決まっていたものが覆されるというのは、今回の任命拒否とよく似ています。元々安倍前政権時代から文化芸術分野に対するさまざまな介入はあったのです。「あいトリ」で大騒動になった「表現の不自由展・その後」は第二次安倍政権誕生後、公立美術館で展示拒否される作品が増えていることを受けての企画でしたし、数年前、国際交流基金に、アジアを舞台とした文化交流企画を持って行ったことがあったのですが、担当の職員さんから「企画はとてもいいと思うんですが、いまのうちではできません。ここ数年（第二次安倍政権になってから）韓国や中国がらみの企画はほぼ全て却下されるようになってしまったんです」と。その人は「我々にできることは、政権とトップが変わって状況が変わるのを待つことしかないんです」と悔しそうに言っていました。安倍前首相はオリンピックに合わせてそのものズバリ「日本博」という国威発揚系の企画を進め、文化庁が自由に使える予算を減らし、自分たちの裁量で自由に使える「日本博」の予算を割り当てました。そのように陰ではかなり露骨な文化行政への介入が進んでいたのです。不交付とされた補助金もこの「日本博」の予算のものでした。人事を通じて組織のあり方に圧力をかけ、内容に干渉することを主導していたのは前政権で官房長官を務めていた菅義偉現首相です。そうした流れから考えるに、現政権が文化芸術の次に手を突っ込もうとしているのは学術であり、学術会議の任命拒否問題はあくまで入口に過ぎません。本命は科学研究費（科研費）の領域だろう、と僕は思っています。

現に、その萌芽《ほうが》のようなものはすでに数年前にありました。安倍前首相の肝煎《きもい》りで自民党議員になった杉田水脈《みお》議員が、一部のジェンダー研究やフェミニズム研究が「慰安婦問題」を「反日活動」に利用したという理由を立て、そうした研究に科研費を使う審査のあり方を問題視するような発言を国会やツイッターなどでしていたんですね。学問の自由を謳っている憲法を擁護する義務がある国会議員がその自由を侵すようなことを積極的にしているわけです。国会議員の劣化はここまで来たのか、と思わざるを得ません。

しかし、こうしたことは決して日本だけで起きている話ではない。世界的に見れば、ハンガリーのヴィクトール・オルバン政権は、ジェンダー研究をする学科を廃止し、ポーランドのアンジェイ・ドゥダ大統領は、ＬＧＢＴＱへの激しい嫌悪を公言している。このように、権威主義的あるいはポピュリスティックな政権というのは、政府にとって都合が悪いこと、あるいはジェンダーの問題に対して非常に抑圧的になっていく。権威主義政権で芸術や学術への抑圧が起きることはある種の必然ですが、順調に権威主義化が進んでいる日本で特定の分野を狙い撃ちした芸術や学術に対して抑圧が進んでいくことは明らかですよね。今回の任命拒否問題はそのように大きな構図から読み解くべきものだと思います。

この一〇年で社会が大きく変質している

先ほど、学術会議の任命拒否問題は「あいトリ」の補助金不交付と同質な部分があると言いましたが、もう一つ、「表現の不自由展・その後」の中止に関わる「表現の自由」の問題があります。

まず言っておかなければならないのは、「表現の自由」というのは無制限に認められているものではなくて、限界があるということです。一番分かりやすい例は、混雑した劇場の中で誰かが「火事だ！」と叫ぶと、みんな混乱して、将棋倒しになって死人が出るかもしれない。それは「表現の自由」としては認められない。つまり、他人の生命や健康を害するような場合や人間としての尊厳を傷つける場合には「表現の自由」は制限される、というのが一般的な法解釈です。そして、ある表現が他人の人格権を傷つけたり、他人が攻撃される危険性を増やす場合も「表現の自由」が制約されることがあります。「表現の自由」という人権と、人格権や生存権などの人権が衝突するので調整が必要になるということです。その意味でヘイトスピーチは「表現の自由」には含まれないとされる国が多い。「表現の自由」には限界がある。しかし、ここ何年かは、そうした限界を越えていないような作品でも、公立美術館で撤去されたり、あるいは展示が認められなかったりという事例が頻発していた。端的にいえば、第二次安倍政権になってからこの傾向が顕著になったのです。そうした状況の中で、公立美術館で展示不許可になった作品を集めた展示を行うことは、問題提起として意味がある。そう思って、二〇一五年に東京・江古田の「ギャラリー古藤」で開かれた「表現の不自由展」を公立美術館で展示しようというのが「表現の不自由展・その後」の企画趣旨でした。

「表現の自由」に限界があるのは自明ではあるけれど、明らかにその限界のライン内であるような穏当な表現、まったく違法性のない表現であっても「政治的である」という理由で展示が拒否・撤去される――過剰な忖度が公立美術館で行われている。「表現の自由」を美術側が自ら手放すような状況がありました。

もう一つ言えるのは、「表現の不自由展・その後」は、一〇年前だったら何も問題にならなかった企画だろうということです。五年前でも、まだトランプ政権が誕生する前で、ネットもまだ現在のような社会的な影響力を得ていなかったので、抗議は殺到しただろうけれど、なんとか耐えられたのではないか。それが二〇一九年という時点では、一旦中止に追い込まれてしまった。これは、この五年、一〇年で我々の社会が大きく変質してしまったということの現れだと思います。

この変質にはマクロな点とミクロな点があり、マクロな点というのは、ポピュリスティックな大衆煽動《せんどう》がネットによってカジュアル化したということです。憎悪をあおるような煽動を政治家が率先して行うようになった。そのツールとしてツイッターというのが非常に力をもってしまったことが大きい。

一方のミクロな状況としては、おそらく、そこが今回の学術会議の問題と通底していると思いますが、人事を通じた介入です。それは現首相が官房長官時代からずっとやっていることで、人事を通じた介入によって、政権の意に反することや批判的なことを言う人に対して報復する。現に、ふるさと納税の問題点を指摘して、当時の菅官房長官に左遷させられた官僚もいた。その他にも、いろいろな現場で同様のことが耳に入ってくる。

前述の国際交流基金の話も同じです。アジアの企画で少しでも社会的なテーマであると全部没になってしまうわけですから。これは異常な状況です。現代アートや文化交流企画は社会的なものをテーマにすることが多く、そもそも政治的なものと無関係ではいられない。しかし、そういう企画は助成を得られないので、企画を持ってきても実現できない。

それが構造化すると、直接圧力をかけなくても、こんな企画を上げてもどうせ上で潰されるからというので、現場の人間が忖度をするんですよね。上で潰されるような企画を上げたら自分の出世にも響くし、そうやってみんながどんどん隷従していくしかなくなる。学術会議で行われたようなことは、実は学術会議だけで起きているのではなく、すでに日本のさまざまなパブリックな組織で起きているんです。七年八ヵ月の長期政権が日本社会をそう変えてきたのだということの意味を考えなくてはいけないし、ここから目をそらしてはいけません。学術会議のことだけを反対して終わるのではなく、もっと広い領域に根を張っている問題と捉えることが肝要です。

急速に権威主義化する政権

今回の学術会議の問題に関して、政府の介入が問題だとは思わない人が四割を超えている（「毎日新聞」世論調査、二〇二〇年一一月七日実施）というのは、一言でいえば、一般の人にとって遠い問題だからでしょう。なぜなら、実際に学術の現場でどういうことが行われているのかが正しく伝えられていないし、それを知る機会もない。翻れば、我々メディアの責任がすごく大きい。だから、そこは丁寧に説明していくしかないんだろうなと。

そう思う一方で、僕自身、今回の学術会議の問題を冷やかに見ている部分もあります。

一つには、「不自由展・その後」が最初の三日間で中止になった時、怒ってくれた人もたくさんいましたが、これは美術の素人に監督を任せた結果だとか、覚悟が足りなかった、これによって表現の自由が狭められた、というような批判もあった。しかし、僕はこの中止によって表現の自由が狭められたという理解はまったく間違っていると思います。先にも言ったように、可視化されていなかっただけで表現の自由はこの一〇年でかなり狭められていたわけです。「あいトリ」は、そうした状況へのカウンターであり、問題提起であり、結果として政府の虎の尾を踏んだわけです。バカ正直に真正面から行きすぎたんだという批判はありうるかもしれませんが、それだったら逆に、「迂回《うかい》しながら戦ってきたのかもしれませんが、それで多少でも状況は改善したんですか？」と聞きたいですね。

実際、すでに二〇一九年八月二日の時点で当時の菅官房長官が、定例記者会見で補助金不交付を匂わせるような発言をしているわけです。おそらくその時に政府は不交付を決めていた。そこから今回の学術会議の任命拒否までは完全に地続きであり、その先には科研費への介入が待っている。僕は当事者ですから激烈だった「あいトリ」最初の三日間でそのことを予想できた。同じように予想できる人はたくさんいたと思うのですが、当時の学術界の反応は鈍かったですし、他の文化・芸術の側からも大きな反対のうねりは感じられませんでした。できるだけ自分のところに火の粉がかからないようにしていたのだと思います。

それが、翌月の九月二六日に文化庁が補助金の不交付を決定したことで、一気に状況が変わり、大きな声が上がるようになります。これって結局補助金不交付という、かなり乱暴なことを政府がやったからそこで初めて危機感をもって動いた人たちが多かったということですよね。加えて言えば、その時も学術界からはあまり大きな反応はなかった。いま学術会議の任命拒否問題で反対している学者の人たちには、せめて不交付問題の時にあの問題に関心を持ってほしかったというのが本音です。

しかし、二〇一九年の段階では自分たちは大丈夫だと考えていた学術関係の人も結構いたのではないかと思います。実は任命拒否の問題が起きる直前、たまたまある会議で会った学者に「いずれ政府は科研費にまで手を突っ込んでくるのではないですか」という話をしたら、「科研費は、基本的には専門家同士のピアレビュー（査読）によって決められていくので大丈夫だ。なぜかといえば、政治家はその分野の専門家ではないので、そもそも正しく評価をすることができないからだ」という答えが返ってきたんですよね。しかし、その見立ては間違っていたように思います。急速に権威主義的になっているいまの政治を信頼しすぎていたのではないかと思います。

同様に、日本のメディアの弱さも露呈しました。もちろん、問題意識を感じて政府を批判した報道もありましたが、それ以上に、政府の言っていること、要するに、自民党の政調会長はこういうことを言った、官房長官はこう言ったということを報道しているだけのメディアも多かった。むしろ、海外のメディアのほうが、これは科学や学術に対する現政権の露骨な介入だと、この問題の核心を衝いた報道をしていました。日本でも、もっとそういうふうにシンプルに言い切る報道がされないと、多くの人は見出しだけ見て判断してしまうことになる。政府の側もそのことをよく分かっているから、学術会議は税金の無駄遣いだといった方向に論点をずらしていくわけです。

「あいトリ」を支えたシティズンシップ

「あいトリ」の問題の話に戻しましょう。現代美術というのは、安心・安全で、人々を癒やし、きれいと言ってもらえるような作品だけが並ぶわけではありません。作家が生きている以上、当然、いま世の中で起きていることにインスパイアされた作品が出てくる。

そして、「あいトリ」のような都市型芸術祭というのは、「情の時代」のような大きなテーマを設定して、その主題にのっとった作品を展示するというのがあるべき姿です。実際、ヨーロッパではそういう歴史として発展してきた。日本でも、社会的なメッセージ性の強い作品が集まるドイツの「ドクメンタ」に展示されるような、テーマを大きく掲げた現代美術の作品を創るとなれば、その中には当然、いまの社会や政治に対する批判を含む作品も入ってくる。事実、「あいトリ」は政治的・社会的な作品を集めた国際芸術祭としては日本でも出色のものだという評価を得て、あれだけの騒動があったにもかかわらず、観客数は最高動員を記録しました。

怪我《けが》の功名ですが、あのような騒動があったために、かえって現代美術のアーティストと、観客、市民との距離が近くなったんです。会期中多くのアーティストが会場にいて、観客と芸術祭のあり方について議論していた。あのような関係をアカデミシャンと一般市民の間で築いてほしいと思うんです。自分たちのコミュニティの中だけで分かっていて、国民は分かってないと言っているだけでは政府に押し切られて終わってしまう。本当の意味で、アカデミズムというのはどのように市民の生活を支えるものであるのかを、自らが問う必要があるのではないでしょうか。

アカデミックな研究の中には、我々の生活にすぐに役に立つものではないけれど、一〇〇年先、一〇〇〇年先を見据えた射程の長い研究もある。歴史的な射程が長いという特徴は、美術とも共通しています。アーティストも、存命中に評価されるかどうかよりも、その作品が美術館に収蔵されて、一〇〇年後、二〇〇年後、一〇〇〇年後にも見られるということを前提に作品を創っている。一〇〇〇年後の未来のために自分たちはいまやっているのだということの意味を理解してもらうためには、一般市民の人たちと交流する機会を積極的につくっていかなければならないと思うんです。以前とは異なり、いま、自分たちの創造力を守ってくれるのは、政府ではなく、やはり一般の市民である。ここから始めないといけない。

「あいトリ」の時も、実際に力強く支えてくれたのはボランティアの人たちで、彼ら、彼女らのシティズンシップが非常に大きな力を発揮しました。開催前も開催後も、僕は毎日のようにボランティアの人たちと一緒に食事をし、議論も盛んに交わしました。そういう濃厚な体験をしたことで、ボランティアの人たちも、名古屋だけでなく、日本各地のアーティストの展示を見に行ったり、他のボランティアやアーティストとさまざまな交流をしたり、そうした中で観客とアーティストの新しい関係も生まれた。僕はそれこそがシティズンシップだと思っているんです。そういうシティズンシップの高い人たちのコミュニティがどんどん強くなり広がっていけば、学術会議の件についても、何が問題なのかが理解されていくと思います。

そういう意味で、僕は悲観していません。現に、学術会議以上にテクニカルで難しい問題だと思われる検察庁法改正でも、ミュージシャン、漫画家、俳優といった広範な人たちが反対の声を上げて廃案に追い込むことができたわけですし。任命拒否問題はあくまで入口に過ぎません。これから長い戦いをしていかなければならないわけですから、中長期的な視野に立って守りを固めていくことが重要です。

そのためには、アカデミズムの中の人が先頭に立って、おかしなことはおかしいとはっきり言い、自分たちのやっていることにはこういう意味があるのだということを丁寧に市民社会に対してコミュニケーションしていく。そこが、今後の鍵になっていくと思います。

注

1　二〇一九年八月一日、「情の時代」をテーマに三〇の国・地域から九三組のアーティストが参加する「あいちトリエンナーレ2019」が開幕した。その前日の七月三一日、企画展「表現の不自由展・その後」の《平和の少女像》を含む展示内容が新聞で報道されると事務局への抗議の電話が殺到。その後もテロを予告する脅迫FAXなどが届き、八月三日、「表現の不自由展・その後」の中止を決定。九月二六日には文化庁が「あいちトリエンナーレ2019」への補助金（約七八〇〇万円）全額不交付を決定（その後、約六七〇〇万円に減額して交付）。「表現の不自由展・その後」は一〇月八日に再開、同月一四日に閉幕。総来場者数は過去最高の六七万五九三九人を記録した。

すべての作品には発表の自由がある

会田　誠

Aida Makoto

美術家。新潟県生まれ。東京藝術大学大学院美術研究科修了。作品の表現領域は、絵画、写真、映像、立体、パフォーマンス、小説、漫画など多岐にわたる。森美術館で行われた回顧展「会田誠展：天才でごめんなさい」が話題に。美少女やサラリーマンなどをモチーフに痛烈な批評性を提示。国内外の展覧会に多数参加する。主な著書に、『MONUMENT FOR NOTHING』『天才でごめんなさい』（以上作品集）、『カリコリせんとや生まれけむ』『美しすぎる少女の乳房はなぜ大理石でできていないのか』（以上エッセイ）、『青春と変態』『げいさい』（以上小説）などがある。

ギリギリの境界線にこそ面白さがある

現代美術というのは、便器をひっくり返して展示したマルセル・デュシャンが源流として存在していますし、誰でも作りたいものを作っていいし、それを見せる権利があると基本的に考える世界です。作品の審査をせず、誰もが自由に出品できる「アンデパンダン展」という考え方が僕は好きですが、それは現代美術の一つのルーツです。一方で日展のように、「こういう絵が正しい」という狭い価値観で選ばれる展覧会もあります。僕にもそういう道に行く選択肢もあったかもしれませんが、そうではなく、現代美術を選んだので、当然自由は好きで、それを謳歌《おうか》していることは確かです。

僕には昔からいたずらっ子気質なところがあって、すんなりと発表しにくいようなものをあえて作ることがあります。それは認めますが、ここまでは見せられるというギリギリの境界線のところを毎回狙っているつもりなんです。そういうところにこそ、社会や人間に関して分析しがいのある、面白いネタがあると思っているので。

僕はタブーを破ることを主な目的にしているわけではありません。これまでも、発表する場所を考慮して、これをここで出すのはアウトだと分かっているのに、わざと持ち込んで断られたということは、一度もないつもりです。

ただ、東京都現代美術館で発表した会田家の「檄《げき》」が展示中止を要請された時[1]は、これは当然大丈夫だろうと思って作ったものが拒否されたので、急遽《きゅうきょ》、ネットで自分の作品に対する弁明を公開しました。それが功を奏したのだと思いますが、結局、展示は継続になりました。

日本の組織の問題

僕が所属するミヅマアートギャラリーのような民間のギャラリーは、公立美術館と違って発表の自由度は高いです。だから僕は、作ったものはまずホームグラウンドであるミヅマアートギャラリーで発表しています。

会田家「檄」布、墨　509.2×180㎝　展示風景：『おとなもこどもも考える　ここはだれの場所？』東京都現代美術館　2015年　撮影：宮島径　© AIDA Family　Courtesy of Mizuma Art Gallery

公立美術館の展覧会に呼ばれた時、学芸員に「ミヅマで出したあの作品を出品したい」と提案することがありますが、公立だから難しいと断られることは結構あります。

こちらも公立美術館とギャラリーで基準が違うことは承知していますから――それも改善の余地はあると思いますが――そこで駄々をこねて怒るということはまずありません。

このように、現場の方とやりとりする中でＯＫが出たものを展示しているわけです。しかしある日突然、そういう学芸員や展示の実務をやっている方の上司の人がやって来て、「これを出すのはやめてくれませんか」という話が出てくることがある。これは表現の自由というより、日本の組織の問題のような気もします。現場の若手が苦労して築いたものを、上司がふらっとやって来てダメ出しする。しかも、ちゃんとした根拠のない、なんとなくの事なかれ主義であることが多い。そういう時は僕は明確に怒ります。

作品の評価はすぐには分からない

例えば数学なら、正解がころころ変わることはないと思いますが、現代美術に関しては、現在進行形で評価が目まぐるしく変わる。僕はそこが面白いと思っています。いま馬鹿にされているものも高評価になるかもしれないし、反対に、いま評価されているものも落ちていく可能性はある。世界中の専門家の間でも必ずしも意見が一致しているわけではない。

すべてが流動的で、作品が発表されてから数十年後くらいにようやく意義や評価が固まるようなジャンルです。だからこそ、なるべくすべての作品は発表の自由があるべきだと思います。

僕はよくツイッターを利用するので、そこでの発言が炎上することもありますが、それによってダメージを受けたことはほとんどありません。それなりにネット疲れはしますが。ツイッターがいいと思うのは、下衆《げす》なところ。下衆と分かっていて、あえてやっています。炎上するたびに敵が増えて損をしているかもしれないのにやめないのは、冒頭で「アンデパンダン展」が好きだと言ったのと同じ理由です。つまりツイッターは玉石混交で、最初から玉だけをチョイスするという発想がない。日展のように、ある価値基準に沿ったものだけを選ぼうとすると、玉だけを選んだつもりが、全部石だったということは、歴史上よくある話です。

ツイッターは有名無名を問わず、一応は誰でも平等に発言できます。そのためにしばしば地獄になるにしても、基本的にはいいことだと思っています。そういうカオスの中から、時間が経《た》って最終的に残るものは残る、という方式がいいのです。

毒にも薬にもならない作品だけでいいのか

公立美術館で、僕を呼ぶのはリスキーと考え、呼ばないと決めている学芸員も多いでしょう。でも僕にとってはそこだけが発表の場ではなく、いまのところは民間のギャラリーは規制されていないので、まあ個人的には大丈夫です。

しかし、公立美術館というのは、大抵、お金をかけた立派な施設で、手頃な料金で、文化的なものを見ることができる。そしてそれは人びとの税金によって維持されている。そのような場所で、時代状況に切り込んでいくような生きのいい作品が展示されず、毒にも薬にもならないような作品だけを飾るようになったら、みなさんの税金がもったいないですよ、とは言いたい。

芸術が、自分たちの社会を肯定したり、褒《ほ》め称《たた》えたりするだけのものになったら、それは、大概、悪い時代です。全部が全部、国や政権を批判するような表現で溢れる必要はありませんが、大雑把に言えば、三分の一くらいは自分たちに対して厳しい、自己批評性が高い表現があるのが健全ではないかと思います。社会は必ずなんらかの問題を抱えているわけで、一〇〇パーセントうまくいっている社会なんてない。言葉であれ、美術であれ、自分たちにとっては耳が痛くて不快なものかもしれないけれど、その表現が許されるのが健全で、めぐりめぐって社会のため、ということはあるはずなのです。それによって社会は強くなれる、ということは。

作品の目的は重層的

「あいちトリエンナーレ2019」の「表現の不自由展・その後」（以下、「不自由展」）では、天皇の写真を燃やす場面が登場する映像作品や「平和の少女像」が攻撃されました。この騒動が始まったばかりの時、僕は、（津田大介氏ではなく）「不自由展」の実行委員会の人たち自身が、怒っている市民を説得するような言葉を発しなければマズいことになると思って、それを促すようなメッセージをツイッターに書きました。しかしなかなか出てこなくて、そうこうするうちにどんどん炎が広がっていきました。そしてだいぶ遅れて、批判の的となっていた作品の本来の趣旨について書かれた文章が出てきた。でもそれは美術関係者の目には触れても、一般の人たちの目にはあまり触れないような不親切な形でした。

「なんとしても一刻も早く一般市民の人たちを説得せねば！」という情熱が感じられない。「愚民の説得なんてハナから無駄」と思っている節さえ感じられ、それは良くないと思いました。

そういう意味で、「不自由展」の実行委員会には賛同できないところもありますが、そもそも「不自由展」は、一〇〇ぐらいあるトリエンナーレの一展示で、あの展示がトリエンナーレ全体を支配していたわけではありません。そのような中で、社会には「不自由展」に賛同する人たちも一定数いるわけで、やはり展示する自由があると思います。

とはいえ、美術と言葉は難しい関係にあります。例えば僕の「犬」という作品は、非人道的なことをされている少女がモチーフとしてあるけれど、その作者が「このシチュエーションがいい」とか「好き」ということを表現したくて描いたかというと、本人から言わせてもらえば、「そんなはずあるわけないだろ」となります。逆に「性的暴力という悪を告発することが目的か」と問われれば「それも当然含まれるだろうが、それがすべてではない」と答えます。

美術は基本的にはビジュアルだけの勝負であって、言葉による意味の限定が原理的に不可能な表現ジャンルです。それが美術の弱みではあるけれど、最大の強みでもある、というのが僕の考えです。また、作品を制作して発表する目的は、簡単に一言で言えるものではなくて、大抵は重層的です。マトモな芸術作品なら大抵そういう構造を持っています。不自由展で攻撃された作品もおそらくそういうものだったと思います。

定着しない「自由」という概念

明治時代になって福沢諭吉が西洋流の「自由」という概念を日本に移植し、それから数十年を経て太平洋戦争で負け、今度はマッカーサーがやって来て、アメリカ流戦後民主主義が入ってきて現在に至るわけですが、いま、その戦後民主主義が揺らいでいるという感じがします。

美術の話で言えば、やはり明治になってヨーロッパの美術が日本に流入してきましたが、必ずしも向こうと同じになったわけではなく、日本流の近代美術の歴史が始まりました。

そして戦後、一応現代美術に移行しましたが、あいちトリエンナーレの件を見ても分かる通り、ぜんぜん定着していない感じがします。それは自由という考え方の移植がすんなりいかないのと同じ理由ではないかと思います。しかしだからといって、欧米のやり方が絶対に正しいとも思いません。

そのように、強制的な圧力によって定着させられたもので、本当の意味でまだ腑《ふ》に落ちていないものを、日本人や日本社会はたくさん抱えている気がします。そして実を言うと、僕自身の中でもそれを他人事《ひとごと》のようには言えないところがあります。僕の祖先は農民です。ヨーロッパ近代が言うところの「個」を持たない、持てない、従順なアジアの農民の文化的遺伝子みたいなものが残っている感覚があります。だから現代美術というデュシャンから始まった流れに、僕自身連なっているつもりではいますが、本当のことを言うと、疑問もあるのです。デュシャンはフランス人であり、フランスといえば民主主義を生んだフランス革命であり、けれど僕はフランス人ではない……といった根本的な疑問です。

自由への疑い

一六歳の頃に芸術の道に行こうと決めたわけですが、それ以来、自由という概念に対して、なかなか決着のつかない泥仕合をずっと続けているように思います。それで、自分が美術の世界に入っていった最初の時期のことをフィクションの形で検証したいという思いから、美術大学を目指す予備校生たちが登場する『げいさい』という群像劇の小説を書きました。これは実際一九八六年に、東京藝術大学の油絵科の入試で実際に出題された、「自由に絵を描きなさい」という課題を中心にストーリーが回ってゆきます。「自由に描くとはいかなることか?」「自由に描くことは可能か?」ということです。そのくらい僕自身にとって自由というのは重要なテーマで、それだけにうまく語れないところがあります。

冒頭で「自由は好き」と言いましたが、確かにそれは嘘《うそ》ではないですが、一方で、美術の世界に足を踏み入れて以来ずっと、自由というものへの苦痛とか、疑いとか、憎悪とか、相反するような感情も存在しています。だから僕の作品はややこしい表現が多いのかもしれません。僕には感性に任せて伸び伸び絵を描いたような作品はほとんどありません。

僕の中には、支配されることに慣れ、抵抗するのを諦め、でもそれなりに幸せを感じる、さっき言ったアジアの農民性のようなものを、我がものとして肯定したい気持ちがどこかにあります。それをテーマに作品を作りたいという思いがずっとありますが、まだこれというものはできていません。これは僕の抱えている一番難しい宿題で、生きているうちに満足のいくものが提出できるかどうか、自信はありません。
とはいえ全体的にはそんなに悩んでいるわけではないのですが。僕としてはこれからも、「これを作って見せてもいいのだろうか」などと慎重に考えることはせず、ふと作ってみたくなったものを作って発表していくだけです。それで例えば逮捕されるようなことがあったなら、その時はその時です。「臭い飯」にも興味がないことはないですからね。

注

1　二〇一五年に東京都現代美術館で開催された『おとなもこどもも考える　ここはだれの場所？』展に出品された会田家の作品「檄」が、美術館と東京都によって撤去・改変を要請され、大きな事件となった。会田家は、会田誠と現代美術家で妻の岡田裕子、息子の会田寅次郎によるユニット。「檄」は、大型の布に、「文部科学省に物申す」という題名で、「もっと教師を増やせ。40人学級に戻すとかふざけんな。先進国は25人教室がスタンダードだろ」という文章で始まる墨書による作品。撤去要請の根拠となった市民からのクレームは一件のみで、その後、会田家と、美術館・東京都側との話し合いの末、要請は撤回され、内容を変更することなく展示は継続された。会田は、撤去要請を受けた際、次のような声明をネット上で発表している。

まずこの作品は、見た目の印象に反して、いわゆる「政治的な作品」ではありません。現在の政権や特定の政党を、利する／害するような文言は一言も書いてありません。文部科学省という役所全体に対して、不平不満を述べているだけです。公立ではなく民間の場であっても、芸術を使って政治的アピールはすべきでない、というのは僕のいつもの基本方針です。（中略）「個々人が持っている不平不満は、専門家でない一般庶民でも、子供であっても、誰憚《はばか》ることなく表明できるべきである」というのは、民主主義の「原理原則」「理想」です。簡単に言えば「我慢しなくたっていい」「声を押し殺さなくていい」——その基本的な人生態度を、僕は子供たちにまずは伝えたいと思いました。その態度を少し大袈裟《おおげさ》に、少しユーモラスに、そしてシンボリックなビジュアルとして示そうとしたのが、この「檄」と名付けられた物体です。

音楽と自由

山田和樹

Yamada Kazuki

指揮者。神奈川県生まれ。東京藝術大学音楽学部指揮科で小林研一郎・松尾葉子の両氏に師事。第五一回ブザンソン国際指揮者コンクール（二〇〇九年）で優勝後、BBC交響楽団を指揮してヨーロッパデビュー。二〇一二年から二〇一八年までスイス・ロマンド管弦楽団の首席客演指揮者。現在、モンテカルロ・フィルハーモニー管弦楽団芸術監督兼音楽監督、バーミンガム市交響楽団首席客演指揮者、日本フィルハーモニー交響楽団正指揮者、読売日本交響楽団首席客演指揮者、横浜シンフォニエッタ音楽監督、東京混声合唱団音楽監督兼理事長。ドイツ・ベルリンを拠点に、日本をはじめ、ヨーロッパ各国、イギリス、アメリカなどで数多くのオーケストラの指揮を務める。

僕は現在ベルリン在住ですが、留学などでドイツの学校に入った経験はないため、ドイツにおける学問の自由について身に沁《し》みて分かるとは言えません。ただ、ドイツはまず学びの機会を自由に与えようということを、非常に熱心に考えていると感じます。ドイツにはバックボーンの核に学問がある。学びというものが大事で、その名も「自由大学」という学校があったりするように、学びの場が自由であるべきという考えがある。だから、学ぶ側も自由に取捨選択できるわけです。

ドイツのメルケル首相は物理学者で、学問を経て今の政治家、首相という地位にあり、彼女の理性と知性に基づいた発言は、とても説得力が強い。だから、世界の中でもメルケルさんは一目置かれていると思うし、特に東ドイツで育った方ですから、自由の制限ということに関してもより敏感なのかなと思います。

ドイツ政府はコロナ禍に直面したごく初期に、いち早く「芸術家を守ります」という内容の声明を発表しました。それは僕が芸術家の一端というか音楽家だから有難いと思う以上に、メルケルさんをはじめとした政治家が文化とは何か、芸術とは何かということをちゃんと考えている――それがコロナになってから考えたのではなく、前からそういうものを理解していたということがよく分かります。

自由と芸術との相互関係や因果関係についてですが、まず翻訳語としての「自由」という言葉は明治に生まれたわけですよね。「個人」や「社会」や「芸術」などと同じように。一説には、自由という言葉自体は明治以前からあったけれども、それはどちらかというと〝自分の我を通す、いけないこと〟といったネガティブな意味として捉えられていたと聞いたことがあります。「自由」という言葉がなぜ必要かというと、自由ではないから「自由」という言葉が必要になるわけです。だから、「自由」という言葉は制限や制約との結びつきを内包していると言えるでしょう。

音楽と自由の関係性というのは、単純に説明できないところがあります。音楽そのものは自由ですし、音楽を欲する気持ちは自由な遊び心から生じていると言えるでしょう。しかし、音楽を表現する行為となると、特にクラシック音楽では、制約から始まります。楽譜にこう書いてあったらこう演奏しなきゃいけない、四分音符は二分音符の半分です、間違えた音は弾いちゃいけない……など、演奏という行為にまず多くの制限がある。家で音楽を演奏するといっても、大きな音だと近所迷惑になったりもします。いつでもどこでもどんなふうにでも音楽をできるわけではないという制約が社会の中にはありますが、絶対的な音楽そのものは、人の手が触れようが触れまいが自由なままです。それはたとえ人類が滅んでも存在し続けるような絶対的な自由です。

難しいのは、文化としての音楽を扱う時。文化としての音楽というのは、人と人とがコミュニケーションをすることで成り立っています。人と人とが交流することで文化が生まれ、音楽をどう社会に生かしていくかという話になる。社会の中の音楽というのは、文化的な活動になるわけです。

そして、音楽をする活動自体が「人が生きるとは何か」という問いを含んでいます。人はなぜ生きるのか、どう生きるべきか、という根源的な問いです。文化的活動や音楽をする活動は、そういった根源的な問いにヒントを与えてくれるものであり、その答えに近づこうとさせてくれるものであり、もしくはそこまで難しいことを考えなくても、何かこんがらがったものをリセットしてくれる役目もあります。

そうやって人間の一番根源的な問いと関わっているがゆえに、文化的活動や音楽をする活動というのは、阻害されてはいけない、自由が守られていなければならないのではないでしょうか。

一方で、音楽には力があり、その音楽が癒やしとなって、厳しい状況に向かっていく糧を得るというような言い方をよくしますが、そう簡単なものでもないと思います。例えばストレスに悩む人や鬱で苦しんでいる人がみんな音楽を聴けば楽になるのかというと、そういう単純な話ではない。音楽と一口に言ってもいろんな音楽があるから、人によっては、オーケストラに代表されるようなクラシック音楽は必要と思えない人もいるでしょう。しかし、少々突飛な言い方になるかもしれませんが、音楽というのは、人の行動と直接結びつかなくても潜在的につながりを持っているものなのです。

つまり、音楽を聴くとか、演奏会に行くとか、そういった直接的なつながりをあえて持たなくても、音楽、音というものは自分の周りにあふれています。もっと言えば自分自身もたくさんの音を発しているわけです。ただし、音というのは不思議なもので、人間の耳に聞こえる音は実はほんのわずかなのです。この世界中のほとんどの音は聞こえていないのです。けれども、聞こえていなくても確かにそこには音が存在している。例えば、なぜ人が自然あふれるところに行って癒やされるかというと、それは澄んだ空気や美しい景色もあるけれど、同じように音の要因もまた大きいのです。人間の耳には聞こえないけれども、超高周波音というのがあります。都会では人の耳に聞こえる音は多く、時としてうるさいけれども、周波数の幅としては狭い。それが自然が多い場所に行くと、聞こえる音としては鳥のさえずりぐらいで少ないけれども、周波数の幅はうんと広かったりするのです。

人間の体には共振する作用が備わっていると言われています。その音自体が聞こえないとしても、体は共振して感じることがあるはずです。だから、人間が音楽に触れるとか触れないとかというのは、実はそれほど大した問題ではなくて、触れようが触れまいがつながっています。けれど、そのつながりを認識しにくい。文明やテクノロジーが発達すればするほど、人間の本質的な、本能的なものがどんどん薄れていく傾向は否めないと思いますが、音楽や芸術というのは、それを引き戻してくれるような存在だと思います。

また、作曲家が曲を書くこと自体は、依頼されたからという理由がほとんどだと思いますが、ではなぜその音を書いたのかを突き詰めていくと、そこには自分の思う必然性があるだけで、客観的な理由はない。人がなぜ歌うのかを突き詰めても、理由はない。歌ってしまう、口をついて出てしまう――音楽を求めるのも同じことです。つまり、理由のないことの美しさです。

理由がないことの美しさは文化と密接に結びついていると思うのです。理由がないからこそ美しいというのは、もっと言うと、意味がないからこその美しさとも言えるでしょう。僕はよく文化を「豊かな寄り道」という表現で言い換えたりするのですが、寄り道は理由も意味もないのにしたりするものです。しかし、その寄り道にこそ大発見や人生の岐路があったりします。寄り道にしても文化にしても音楽にしても、そこに無理に意味を求めようとすると、逆にその存在証明が難しくなってしまう側面があると思います。意味がないからこそ存在しているものは、実は思いのほか多いのです。そして、意味がないことということは、自由なままでないと成り立たない。そういうパラドックスがあると思います。

歴史的に見ても、制限があるところの音楽は恣意的になりがちです。例えば、ヒトラーがドイツで積極的に音楽を用いて、ワーグナーやリストなどの音楽をプロパガンダに使用してきたがゆえに、第二次世界大戦後、長きにわたってリストの『前奏曲』やワーグナーの『ニュルンベルクのマイスタージンガー』は演奏されてきませんでした。それほどまでに音楽は影響力があるということです。この影響力というのは、政治的にも利用できてしまう、非常に怖いものなのです。

怖いものだからこそ、一つの目的にとどまってはいけない。ヒトラーが行ったような強い意図を加えた上での使用ではなくて、常に多目的でなければいけない、目的が開かれていなければいけない。一〇〇人のお客さんがいたら、その一〇〇人が個々に自由に受け取る必要がある。それがナチスの宣伝の下に、一〇〇人が一〇〇人ともにナチス万歳というための音楽になってしまうと、非常に恐ろしいことになる。音楽はある種の催眠効果もあるし、薬物的効果もありますから。

それは音楽だけではなく、すべての文化や芸術に言えることかもしれません。表層的にも潜在的にも洗脳やプロパガンダになり得るのです。

つまり、音楽は自然の中に生えている草木みたいなもので、それを粉末にしたり、エッセンスにしたりすると効果がある。けれど、それは使い方を間違うと体に害があるかもしれない。良い薬にも悪い薬にもなり得る。だからこそ、それをどう使うか、どう飲むか、どういうふうに自分に作用させたいかということの自由は、必ず担保されないといけないわけです。これを飲みなさい、と強制されてはいけない。それが自分の体に合うかどうかは分からない。たとえ、あなたに必ず合いますからと言われたとしても、それを飲まないという選択肢があっていい。その選択肢の幅こそが自由といえるでしょう。

僕自身は一人の人間、表現者、指揮者、音楽家として、全く自由の中で生きてくることができたために、極度の制約を感じたことがありません。そのため、これまであえて何かを、誰かを「守る」という発想で行動したり、考えたりしたことはそれほどなかったのですが、このコロナ禍で大変な危機感を持ったというのは確かです。

その一つに生の音楽が禁止されてしまったことが挙げられます。生演奏が難しくなって、ネット配信が流行《はや》り出して、今はまた徐々に戻りつつあるところですが、あの時に危機だと思ったのは、音楽がこれほどに簡単になくなってしまうということ。実際になくなりはしない。けれど、その方法が曲がってしまう。方法が曲がると、発信者としても受け取り手としても、「選択する自由」を奪われる恐怖が生じます。

演奏家の場合、例えばオンラインでやるような演奏は嫌だという人も出てきますよね。それなのに、それが嫌だと言えない世の中になってしまうと、それをしなければ音楽家として生きていけなくなる可能性が生じます。表現の方法や方向性が強制されていく可能性がある。ですが、たとえ手段を選んでいたら失職してしまうかもしれない状況でさえも、選択の自由は確保されなくてはならないのです。選択の自由が奪われた時、文化は萎縮して、人間が人間らしく生きることの幅が狭くなってしまうのです。

こういう危機が迫ったり、普通の状況ではなかったりする時、往々にして人間というのは誤った判断をしてしまうことがあります。文化や芸術に携わる音楽家としては、そうならないために今こそ学ばなければいけないと思っています。つまり、考えることです。それこそ自由とは何か、危機とは何か、文化とは、芸術とは。それらの本質を考えずして、ただ進んでしまうだけでは、本来の我々の役割から外れてしまう。我々舞台人は、舞台の上で限りなく自由でいられることを許される存在なのですから。だからこのコロナ禍は、そういった問いを考える、いいきっかけになりました。考えないと、自由そのものが侵食されてしまう危険が出てくると思います。

この情報過多の時代においては、情報があればあるほど、本質を見極めることが難しくなっているでしょう。つまり、本質にたどり着く自由が見えにくくなっている。本質に〝向かおうとする〟自由は残されていますが。追わなければならないものが多過ぎるのです。それは情報の多さであり、うがった見方をすれば、まやかしの多さとも言えるのではないでしょうか。

例えば僕自身は、何かのニュースを見たら、まず批判的な目で見るようにしています。すぐに信じない、鵜呑《うの》みにしない。本当かなという目で見て、自分なりに咀嚼《そしやく》して考える。それはネガティブな言葉で言うと「疑う」になるかもしれませんが、ポジティブな言葉で言うと「吟味する」ということです。吟味というのは、いい言葉です。「吟」という字は、「今を口にする」と書くでしょう。吟味することは今を口にすること。今の我々自身の姿を口にすることともいえます。自由の危機から自分を守るためには、すべてのことを十分に吟味しなければいけないのではないでしょうか。

僕はたとえコロナ禍にあっても、今ほど自由がある時代はめずらしいのではないかとも思っています。原始社会の方が自由だったかもしれませんが、そこに村ができて、国ができて、決まりができて、制約が生まれて、それが発達していって、社会構造も変化して。日本の場合で言えば、一九四五年の敗戦を機に軍隊を持たないということになりました。徴兵制がないというのも自由の一つですよね。

僕は一九七九年生まれで、先にも話したようにこれまでは自由を謳歌してきた世代と言えるでしょう。社会情勢によって、何かへの反対を表明できなかったり、息苦しさを感じたりすることもありますが、おそらく人類の歴史上これ以上ないような自由な時代、自由な社会を一番享受した世代ではないかと思います。ともすると、もともと自由であったという有難みや謙虚な姿勢を忘れやすい側面もあったりするかもしれません。「有難う」も本当に良い言葉で、「有ることが難しい」と書きますね。自由が有ることの難しさがある。だから、有ることに有難みが出てくるわけです。この感謝の念を忘れないようにしたいものです。

これまでも自由は確保されていたし、これからも自由の方がいいに決まっているでしょう。しかし、コロナがさらに長期間収束しないとか、違う新たなウイルスが現れるとか、戦争が起こるとか、そういうよくないことがもし起こったとしたら、「自由を」なんて言えない状況に突入する可能性はいつだってあるわけです。でも、仮にそうなったとしても、せめて精神や信念の自由みたいなものは死守したいと思うはずです。そのためには、死守したい自由の形、自由の持ち方を変化させなければいけなくなるかもしれません。そういう意味でも、今、この自由を吟味できる時代にこそ「自由とは何か」という論議の必要性を強く感じます。

自由の最大の難しさは、履き違えないことの難しさだと思います。自由というと何でもフリーだと思いがちですが、当然ながらどこまでも何をやってもいいというわけではない。本当に難しい言葉です。自由は「自らに由《よ》る」と書くように、「自分が自分でいることの自由」というのが本質的な原点だと僕は思います。どんな状況であっても、自分が自分でいられる自由が、最低限の自由。自分が自分でいられることの自由さえあれば、そこから先は付随的な自由なのではないかとすら思います。

そして、それは何人たりとも侵してはならない自由です。どんな悲惨な状況にあったとしても、その中でも自分が自分らしく生きる自由というのはあるはずです。自分が自分らしくいられるということほど美しいものはありませんから。

「世間体の戒律」から自由になるには

ヤマザキマリ

Yamazaki Mari
漫画家、随筆家。東京都生まれ。一九八四年に渡伊。国立フィレンツェ・アカデミア美術学院で、油絵と美術史を専攻。一九九七年より漫画家として活動。『テルマエ・ロマエ』で第三回マンガ大賞、第一四回手塚治虫文化賞短編賞受賞。主な著書に『男性論――ECCE HOMO』『国境のない生き方――私をつくった本と旅』『ヴィオラ母さん――私を育てた破天荒な母・リョウコ』『パスタぎらい』『スティーブ・ジョブズ』『プリニウス』(とり・みき氏と共作)、『オリンピア・キュクロス』など多数。エジプト、シリア、ポルトガル、米国を経て、現在はイタリアと日本に拠点を置く。二〇一五年度芸術選奨文部科学大臣賞受賞。二〇一七年イタリア共和国星勲章コメンダトーレ章受章。東京造形大学客員教授。

文化芸術は「なくてもいいもの」なのか

私が日本における文化芸術の自由について疑問を持ち始めたのは、コロナ禍においてが初めてではありません。二〇一五年、文部科学省が国立大学の文系学部廃止を通達したというニュースが海外でも報道され、「日本では、利便性や経済的生産性がないとみなされた学術はすべて排除してよいと考えられているのか」と、物議を醸しました。なぜなら、西洋では紀元前のギリシャ哲学以来、あらゆる経済活動や生産性の基軸となるのは人文系の学術であるとされているからです。ところが、日本の政府はそうした基軸となる学問を生産性がないと短絡的に判断し、あまつさえ排除しようとしている。結果的にこれら一連の報道は経緯を見誤ったものでしたが、政府が文系学部を軽視している傾向は否定できず、私はそのことに大きなショックを受けました。

そのショックを自分の中で消化しきれないうちにコロナ禍になり、ヨーロッパ各国は苦境に陥ったアーティストへの支援策をいち早く打ち出しました。これはヨーロッパだけのことではありません。アメリカ、カナダ、シンガポール、アラブ首長国連邦、オーストラリアなど世界の国々が次々とアーティストたちへの緊急支援を進めていた二〇二〇年三月時点、日本は具体的な文化芸術支援を何一つ表明していませんでした。日本では、芸術を含めた人文系学術は、経済的利便性と直接つながる理系の学問より下に見られている、もっと言えば、なくてもいいものという扱いを受けていることをまざまざと見せつけられた気がします。

こうした学術の扱いは、教育でも言えることです。私は自分の子どもをいろいろな国で育ててきましたが、日本のように、学術を社会に出ていくための学歴を手に入れる手段と捉え、にわか作業で知識を頭に詰め込んでよしとする国はどこにもありませんでした。

結局、文化芸術というものの重要性がまだ日本人の根底に入っていないということなのでしょう。確かに、文化芸術を愛《め》でる環境という点では日本は非常に恵まれていますが、それはあくまで大衆文化として自分たちが慣れ親しむという域にとどまっています。それに対し西洋では、宗教画にしても教会建築にしても、文化芸術は社会の統制を担う一つの機能を成していたわけで、社会における重みがまったく違うのです。たとえば、メルケル首相が二〇二〇年五月九日に行った演説で「私たちは文化芸術によってさまざまな心の動きと向き合い、自ら感情や新しい考えを育み、また興味深い論争や議論を始める心構えをする」と文化芸術の重要性について述べたように、西洋の人々にとっての文化芸術は、たとえば何か自分たちが知らないものを提示されたときに、そこからどう自分の考えを深めていくかということにつながるものと言えます。ヨーロッパでは何千年もの時間をかけて文化芸術の重要性が培われてきたのだということを考えると、日本の文化芸術に対する意識が変化するまでには、もう少し時間がかかるのかもしれません。

精神が劣化した人間の怖さ

日本と違い、なぜ世界各国では文化芸術への支援がスピード感をもって進められたのでしょうか。たとえばドイツは最大五〇〇億ユーロ（約六兆円）とヨーロッパでも最大級の財政パッケージを組んでアーティストの支援を行いましたが、その理由としてモニカ・グリュッタース文科相は「（特にコロナ禍のような社会が脆弱《ぜいじゃく》化した状況においては）アーティストは生命維持に必要不可欠な存在である」と述べています。そんなふうに政府が自分たちの価値を認め、生活を支える政策を速やかに実行してくれたら、文化芸術に携わる人々はやはり激励された気持ちになるはずです。一方、コロナ禍で仕事がなくなり、支援もなかなか届かない状況に置かれた日本のアーティストたちは、「世の中にとって、自分たちはなくてもいいに等しい存在なのか」と悲観的にならざるを得なかったのではないでしょうか。

経済的生産性がなければ排除してよいというのは先進国の考え方とは言えませんし、そもそも「先進国イコール経済的発展」という日本の姿勢に、私は大いに疑問を感じます。日本では、経済的に豊かになり、人々の体が健康であればよいという考え方が主流です。それがゆえに、文化や芸術はあってもなくてもよい余剰とみなされてしまうのでしょう。しかし、ただ金さえあればいい、お腹《なか》がいっぱいになればいいというわけではありません。なぜなら、人間は体だけの生き物ではないからです。

精神が劣化し野蛮化した人間の怖さは、たとえば一〇〇年前のドイツに見ることができます。当時、同時期に起こったスペイン風邪のパンデミックと第一次世界大戦によって多くの人口を失い、敗戦国として多額の負債を課せられたドイツの人々は「ただ生き延びられればよい」というある種の野蛮性に基づいた発想しかできない状況に置かれていました。そこに現れたのが、飛び抜けた言論的リーダーシップを張れる男、ヒトラーです。脆弱化した社会の中、ドイツ国民はヒトラーが説く理念がどのようなものかということより、とにかく自分たちを生き延びさせてくれるのはこの人だと、彼についていってしまった。その結果、何が起こったかは言うまでもないでしょう。

こうした事例は歴史上、枚挙に遑《いとま》がありません。宗教の発生、あるいは強力なリーダーシップを取れる人間の登場はすべて、そうした脆弱化した社会で民衆が心のよりどころを必要とする状況から生まれたと言えます。そしてそれは、恐ろしい出来事の引き金になりかねない側面があるわけです。

こうしたことを踏まえれば、やはり体だけではなく脳の感受性に対しても栄養をきちんと与えないといけない、ということになります。そして、その栄養となるものはやはり芸術であり文化なのです。

日本人を縛る「世間体の戒律」

これは文化芸術に限らないことですが、日本における自由について考えていくと、「世間体の戒律」というものに行き当たります。世間体の戒律は、どこかに明文化されたものがあるわけでもなく、その都度その都度の社会的な傾向や人々の言動によって、なんとなく象《かたど》られてきたものだと思います。そうした不透明なルールを自分たちの判断で解釈していかなければいけないというのは、非常に難しいことです。

厳しい戒律というとイスラム国家の例を思い浮かべますが、日本は宗教国家ではないにもかかわらず、「こういうことをすると、世間からあれこれ言われる」という縛りが非常に強く、「戒律」から外れた人間に対するジャッジも厳しい。統制が強い社会主義国よりよほど自由を許されない窮屈さを感じます。コロナ禍になったことで私は家族がいるイタリアにも帰れず、一年以上も日本に滞在し続けていますが、個人的なそうした事情も含め、これまで生きてきた中でこんなにも自由が許されなかった期間はありません。

とはいえ、私は世間体の戒律自体がいけないと思っているわけではありません。これは長い間日本人が慣れ親しんできた一つの秩序なのだと思います。けれども今、その戒律が厳しくなり過ぎているという気がしてなりません。ネットの責任もあるとは言え、昔であれば言えたことが言えなくなり、何かしようとすれば、すぐにバッシング材料になってしまうなど、表現の範囲がどんどん狭まっていると感じます。たとえば、一九七〇－八〇年代のメディアにはもっと言論の自由があったと思いますが、その自由は今、差別や偏見という言葉に置き換えられ、少し触れただけで爆発するようなものになってしまっています。皆がそのことを恐れ、言いたいことがあっても我慢し、長いものに巻かれている安堵《あんど》を選ぶ状況が生まれている。これはけっして望ましいこととは言えません。

ヨーロッパではたとえ家族同士でも批判をぶつけ合うことが日常的で、学校でも自分の考えを述べることに価値があると教えられます。子どもたちはそうした日々の体験を通して、人間はやはり発言しないといけない生き物なのだということを理解していくのですが、これは日本の教育に欠落している部分だと言えるでしょう。自由に生きるためには、やはり教育の段階で、長いものに巻かれずに自らの意見を発言し、行動する訓練が必要なのです。コロナ禍で世界のリーダーたちが発言したとき、安倍首相（当時）が不安を抱えている国民に対し、責任感や説得力のある言葉を発信できなかったのは、非常に象徴的だったと思います。

日本に根付いていないのは文化芸術の重要性だけではなく、民主主義も同様です。民主主義とはどういうものか、日本は明治以来、既に民主主義が完成した西洋諸国から学んできました。それらの国々が二〇〇〇年以上の歴史の中で試行錯誤しながら民主主義を築いてきたことを考えれば、日本はまだ過渡期にあるということでしょう。こうした状況をすぐに変えていくのは無理かもしれません。今後五〇年、一〇〇年かけて変わっていくのだろうと考えています。

まずは、「これではいけない」と気がついた人から、少しずつ改革をしていけばよいのではないでしょうか。これは私自身が日本で子育てをしたときに経験したことですが、表面上は「世間体の戒律」に従わなければならない状況があったとしても、自分の内面にある違和感を持ち続けていくことが大切だと感じています。異論を保ち続けるというのは面倒で厄介ではあるけれども、それに慣れていくことによって多角的に事象を捉えるスキルが鍛えられますし、その積み重ねがやがては日本や日本の国民に適した民主主義をつくり上げ、強固なものにすることにつながっていくと思います。

利他性をもって声を上げる

たとえば森喜朗氏の東京オリンピック・パラリンピック競技大会組織委員会会長の辞任騒動など、日本でも「おかしい」と思ったことに対して声を上げるということが増えてきています。けれども、声の上げ方ということでは、まだうまく調整ができていないという気がします。声を上げることは大事ですが、「そんなことくらい理解できて当然だろう」

「どうして分からないのか」と、ただ一方的に声を張り上げても、相手にはなぜ自分が非難されているのか納得がいかないままかもしれません。

人間、考えていることがそれぞれ違うのは当たり前です。私は一四歳から世界各地を旅してきて、自分のことを分かってほしくても、自分の価値観を共有したくても、それが叶《かな》わなかったという経験を嫌というほどしてきました。日本も含めて世界のどこにいても私にとってはアウェーだという感覚がありますが、そこで生きていくためには声を上げつつも価値観の違いを認識し、「ここではこういう考え方が当たり前なのか」と相手から学ぼうとする利他性が必要なのです。

なんとしてでも自分が信じていることを相手も信じてくれないと納得がいかない、と思い込むからおかしなことになるのであって、相手が間違っていると思うのではなく、価値観が違うと受け止めればいい。「この人は自分が思いもしないようなことを考えているんだな」と俯瞰《ふかん》的に見て、受け入れていく。そうやって相手を慮《おもんばか》りながら柔らかく対話をしていけば、お互いに気づきを促すこともできるのではないかと思います。特に、これから日本が多様な価値観を受け入れていく時代を迎えるのだとしたら、こうした利他性を育むことは非常に重要になっていくはずです。

怠惰であっては自由になれない

自由になるには向き不向きがあると思います。広い大陸で刻々と場所を変えていきながら生きていく遊牧民のような人たちにとっては、自由を選択して生きるほかはないわけですが、日本は村社会の中で長いものに巻かれている方が楽でいいという性質が強い国ですから、多くの日本人は自由が苦手で、自由になるとどうしていいか分からなくなるというところがあるのではないかと感じます。

安易に「自由がいい」と言いますが、自由の扱いはとても難しいもので、自由になるためにはまず怠惰であってはいけません。群れて誰かに決断を任せていた方が楽ですが、それは自由な状態とは言えません。自分が帰属するものに何もかも委ねることを拒否することが自由なのです。ですから、本当の自由とは孤独との共生であり、孤高であり続ける覚悟を必要とします。

自ら考えることを放棄している人や、自分で自分を守ることが面倒だと思う人は、自由を望まない方がよいのかもしれません。実は、自由こそが大変困難なものであり、精神的に成熟していなければ、到底扱うことができないものです。単に「自由を守る」と主張するだけではなく、こうしたことも心に留めておく必要があると思います。

迫り来るファシズムの時代に
――アートの役割とは何か

平田オリザ

Hirata Oriza

劇作家・演出家。東京都生まれ。劇団青年団主宰。江原河畔《えばらかはん》劇場芸術総監督。二〇二一年四月、兵庫県に開学した県立芸術文化観光専門職大学の学長に就任。『東京ノート』で岸田國士戯曲賞受賞。主な著書に、『芸術立国論』（AICT評論家賞受賞）、『演劇入門』『わかりあえないことから――コミュニケーション能力とは何か』『22世紀を見る君たちへ――これからを生きるための「練習問題」』などがある。

不気味な感覚――ファシズムの萌芽

二〇二〇年、私は、第二五期日本学術会議の新規会員になりました。通常、一〇月一日から総会、分科会が行われるので、その二、三日前に内閣府から事務局宛に任命対象者の名簿が送られてきます。今年は、そこで任命拒否問題が浮上したわけです。まさかそんなことが起こるとは誰も思っていなかったので、みんな驚きました。それに、なぜあの六人なのかという理由がまったくわからなかったことで、非常に嫌な感じが漂ったのを覚えています。

どうして自分ではなく彼らだったのかというあの不気味な感覚は、私をはじめ多くの学者たちが初めて経験したものだと思いますが、もしかすると、一九三〇年代の日本がファシズムへ移行していった時代においても、弾圧を受ける側はこうした不気味さを味わったのではないだろうかと想像しました。

無論、一口にファシズムといってもその形態はいろいろありますが、多くの場合、最初のうちは民主主義的な手続きを装いながら特定の分野に対するランダムな弾圧が始まり、それから徐々になし崩し的にその範囲を広げていく。そうやって、おそらくは抑圧する側さえも意図していなかったようなさまざまな無意識の積み重ねによってファシズムが生まれるのだと思います。

戦後の七十数年においても、思想・言論の自由を侵すようなケースは少なからずありましたが、こうした目に見える形で多くの人が不気味な感覚を味わうのは非常に珍しいかと思います。

米国連邦議会乱入の背後にある七〇〇〇万人の悲しみ

私が思ったのは、やはり今回の弾圧の背景の一つに反知性主義の流れがあるのではないかということです。たとえば、二〇一九年、「あいちトリエンナーレ」の「表現の不自由展・その後」の展示中止問題がありました。あの時はネット上がかなり荒れ、同展に対する激しい批判の言葉が飛び交った。その中で非常に象徴的だと思ったのは、「芸術家というのはそんなに偉いのか」という言葉です。

しかし、そんなことを言い出したら、医者はそんなに偉いのか、教師はそんなに偉いのか、政治家はそんなに偉いのかという話になってしまう。つまり、芸術に限らずプロフェッショナルに対しての尊敬と信頼がないと社会は成り立たないわけですが、反知性主義の根源には、こうしたプロフェッショナルに対する尊敬と信頼の欠如、さらには怨嗟《えんさ》があるように思います。

私は大学でコミュニケーション論を教えていますが、学生たちにシンパシーとエンパシーの違いを説明する時に、シンパシーというのは弱い人への同情心、つまり自然に表れてくる感情で、それに対してエンパシーというのは、異なる価値観を持った人の行動や考えを理解しようとする態度や技術のことだと説明しています。

二〇二一年一月、一部のトランプ支持者たちが連邦議会に乱入しました。彼らの行動にはまったく同意できませんが、あの乱入の背後にはトランプ氏に投票した七〇〇〇万人の悲しみや寂しさがあることは確かで、そこに思いを馳《は》せる必要はある。その思いを馳せる能力こそがエンパシーです。これらの人々がなぜトランプ氏に投票したのか、ここで社会科学的な分析をしておかないと、現在のような分断は解決しないだろうと思います。

世界的に分断が進んでいくことで、身体的文化資本——お金だけではなく、情報にアクセスする能力なども含めて——の格差が広がりやすい状態になっている。要するに、一部の富裕層はお金から知性から情報に至るまですべてを持っていて、一方で何も持っていない人が大勢いる。

たとえば、一九六〇年代に労働運動の集会などでよく歌われた『橋を作ったのはこの俺だ』というフォークソングがあります。日本では高石友也さんが歌っていましたが、原曲はアメリカのフォークシンガー、トム・パクストンが作ったものです。

橋を作ったのはこの俺だ
道路を作ったのもこの俺だ
強いこの腕と身体で
この祖国を
作ったのは俺達だ

『I'M THE MAN THAT BUILT THE BRIDGES
（橋を作ったのはこの俺だ）』
作詞・作曲／トム・パクストン
訳詞／高石友也

深い森を切り開いて畑を耕し、家を建て、この国をつくったのは俺たち労働者であって、決して偉い経営者や政治家なんかじゃない——といった内容の歌詞が続きます。一九六〇年代、七〇年代には普通に歌われていた労働歌ですが、いま聞くと、トランプ支持層のテーマソングのようにしか聞こえない。その当時でもインテリ層と労働者階級との分断はありましたが、そこにはお互いに対する信頼、あるいは信頼までいかずとも、少なくとも互いの違いは認めるところがあった。

ところがいまはそれがなくなってしまい、持っている奴《やつ》は全部持っているじゃないかという、インテリ層や金持ち連中に対する根源的な怨嗟があって、それが反知性主義につながっている。そしてまさにこの層がトランプ氏を支持しているわけです。

命の次に大切なものは一人ひとり違う

事情は日本でも同じで、こうした反知性主義をうまく利用する新自由主義的な政治家が出てきている。たとえば、橋下徹《はしもととおる》元大阪府知事などは、大阪の風土や地政学的な環境をうまく利用して、何かあるとすぐ、「東京のお偉いさんや東京の学者さんが何か言っていますけどね」みたいな誘導の仕方をする。こうしたひたすら感情に訴えかけていく取り込み方をされると、論理的な議論が入り込む余地がなくなってしまう。トランプ氏もそうです。

「あいちトリエンナーレ」の問題の背景の一つに、そうした反知性主義的な流れがあったことは確かだと思います。

この反知性主義的な流れは現在も続いている。新型コロナウイルスの感染拡大によってライブエンターテインメントの世界は観光業と並んでもっとも打撃を受けています。そこで、私や野田秀樹さん、宮本亜門さん、西田敏行さんといった人たちがテレビで演劇界の窮状を必死に訴えた。しかし、ネットには、いままで好きなことをやってきたのに、勝手なことを言うなといった批判が出てくる。

私が一貫して訴えてきたのは、どの人間にとっても命は等しく大切だけれど、命の次に大切なものは一人ひとり違うということです。音楽で人生を救われた人もいれば、演劇や映画で勇気づけられた人もいれば、ダンスで励まされる人もいれば、カラオケでストレス発散する人も、スポーツ観戦を生きがいにしている人もいる。

他者が何を命の次に大切に思っているかに思いを馳せるのがエンパシーです。ヨーロッパの先端的な教育では、このエンパシーが重要なこととして大きく取り上げられているのですが、残念ながら日本社会ではエンパシーの重要さについて、まだあまり取り上げられることがありません。

東日本大震災の時、被災した東北の人たちが家族や友人を失いながら、まだ寒い三月の避難所に粛々と列をなして支援物資を待っている姿を映像で見て、みんな深く同情し、多くの募金が集まり、たくさんの人たちがボランティアに駆けつけた。私たち日本人は、困っている同胞に対してはとても心優しい民族なのですが、単一の民族、単一の文化という幻想の中で生きてきたことで、異なる価値観、異なる文化的背景、異なるライフスタイルを持った人の行動を理解しようとするエンパシーの能力についていささか弱いところがある。

コロナ禍で日本社会の弱い部分が露呈

今回のコロナ禍で特徴的なのは、どの国においてもその社会の弱い部分が露呈したことだと思います。アメリカにはいまだに数千万人もの無保険者がいて、そうした貧困層から感染が拡大した。イタリア、スペインは、緊縮財政のツケが回ってあっけなく医療が崩壊した。

　これまでのところ、日本は欧米に比べれば感染者を抑えてきたし死者の数も少なかったのですが、人心の荒廃は止めようもなく、自殺者も増えている。つまり、そこが日本社会の弱い部分ということになるのですが、なぜこんなことになったかと言えば、今回のコロナ禍が東日本大震災と違って「弱者のいない災害」だということがあると思います。最初にクラスターが発生したのが豪華客船であったり、ライブハウスであったり、あるいはホストクラブであったりしたため、本来弱者であるはずの感染者までもが悪者扱いされてしまった。それを示すのが、諸外国に比べて感染者を自己責任と考える人の割合の高さです。要するに、同情（シンパシー）の行き場がなくなってしまい、本来同情へ向かうべきエネルギーがネットで凶暴化したり、自粛警察というかたちで先鋭化する。

　このコロナ禍での対策として、日本政府は全世帯へのマスク二枚ずつの配布や一人あたり一〇万円の給付を行いました。しかし、文化的な生活や教育を維持するための政策が非常に弱かった。アメリカのバイデン新大統領は、学校再開のために多額の資金を拠出することを発表しましたが、日本の場合には全国一斉休校措置から再開する過程での予算措置が非常に乏しいものでしかなかった。本来は教員を倍にするぐらいの子どもに対する手厚い措置が必要だったのですが、結局なされませんでした。

マスクを配るより子どもたちに絵本を

文化面の対策はさらに貧弱で、憲法第二五条で保障されている国民が文化を享受する権利を守るような施策はまったくなかった。各家庭にマスクを二枚ずつ配るならば、せめてすべてのひとり親世帯や生活困難な家庭に絵本を三冊配るような政策があってしかるべきだったと思います。子どもの発達にとって絵本は不可欠なのに、図書館が閉まっていて、絵本を読みたくても読めない子どもたちがたくさんいたわけですから。

あるいは、Hulu、Netflix、Amazon プライム・ビデオなどの動画配信サービスをコロナ休校中の間は無料にして子どもたちに良質なアニメを見せるとか、孤立しやすい層の人々をどうやって社会につなぎ止めておくかという社会包摂的な政策が本来は必要だったのですが、それがまったくなかった。

行政もメディアも、ステイホーム、ステイアットホームという英語を無邪気に使っています。ホームというのは帰ってくる場所のことです。けれども日本には、物理的な家としてのハウスがあってもホームのない人がたくさんいる。昨年末、西村康稔《やすとし》経済再生担当大臣は、この年末年始は外に出かけずに家族と過ごしてくださいとくり返し言っていましたが、家族のいない人は、あの言葉を聞くたびに傷ついたと思います。結局、行政が考える「家族」というのは、お父さん、お母さん、そして子どもが二人くらいいるというのを標準的なものとしていて、それ以外についてはイメージしていないから、多様な家族像については思いが及ばない。そうしたことがあのような発言につながったのではないでしょうか。

アートは「無形の公共財」

先に、多文化共生型の社会にはエンパシーが必要だと言いましたが、エンパシーを育てるためには、他者を演じてみる、あるいは他者と役を交換するという演劇教育、表現教育が重要であるというのが欧米の先端的な教育の基本的な考え方です。

私の大学での専門はアートマネジメント、つまり社会における芸術の役割について考えることなのですが、たとえば、東日本大震災の時に一番人々の心を慰めたのは、長年歌い継がれてきた唱歌であったり、クラシック音楽だったと言われています。その一方で、震災直後の三月、四月に東京を中心とした関東地方では「自粛」と呼ばれる芸術活動の停止が見られました。問題は、そこで私たちが作品を創らなくなってしまうと、一〇〇年後、二〇〇年後の被災者は何によって慰められるのかということです。私たちは、一〇〇年前、二〇〇年前に創られた音楽によって心が慰められたり、何百年も前に描かれた絵画を見て心が落ち着いたり、あるいは二千数百年前に書かれたギリシャ悲劇を見て人間とは何かについて考えたりする。これがアートの役割で、私たちは一〇〇年後、二〇〇年後の被災者や難民に向かって作品を書いているといってもいい。

私は、そうしたアートを「無形の公共財」と呼んできました。文化政策として考えた場合に難しいのは、橋や道路ならば一応需要予測ができますが、アートは、何が一〇〇年後、二〇〇年後に役立つか、誰にも分からないということです。分からないからこそ、若い人たちの未発の才能を開花させる場所が必要であり、才能を伸ばしていくための支援が大事になってくるわけです。

直近のことを考えても、コロナ禍の中ですでに一年近く相当数の公演が中止になっています。延期して落ち着いたところでまたやればいいじゃないかといわれるのですが、東京で新たに劇場を確保しようと思っても二年、三年先まで予定が埋まっているところもあるし、演劇の場合はキャスティングのことがあるから同じメンバーでできるかどうか分からないということで、延期ではなくやむなく中止になったものが相当数ある。

もしかしたら、中止したものの中に歴史に残るような名作や、将来日本の財産となるような作品があったかもしれない。あるいは、そこでデビューすべき有望な俳優がいたかもしれない。二〇二〇年、テレビドラマの『半沢直樹』がヒットしましたが、あそこに出ていた俳優の中にも、二〇代の頃は食うや食わずで小劇場でやっていた人がたくさんいます。

俳優だけでなく、テレビドラマのシナリオライターには演劇界の出身者が多い。つまり、演劇やクラシック音楽というのは、文化の「基礎研究」であり「先端研究」であって、ここがなくなってしまうと当然、「応用科学」すなわち大衆芸能もできなくなってしまう。学術研究と同じ構造です。いまここでたった一年でもアートのインフラを壊してしまうと、三〇年後、五〇年後、一〇〇年後に非常に大きなツケが回ってくる。ですから、アートを守っていくことは、私たちアートに関わる人のためというよりも、社会全体のためなのです。

こぶしを振り上げるだけが抵抗ではない

そう考えると、今回の学術会議問題というのは、政府は非常にうまいところ——我々からすると痛いところですが——を突いたなと思います。一般市民から見たら、学術会議というのはまったくシンパシーを抱けない集団です。でもそれは当たり前で、ほとんどの学者はすぐには役に立たないような研究をしている。逆に簡単にシンパシーを抱けるような研究なら、公的な支援をする意味がない。学者がやっている研究が役に立ってないという批判はまったくナンセンスなのですが、結果的にそこを突かれたことで、政府の任命拒否に賛同する世論が一部で形成されてしまった。

こういう場合、「そうはいっても学術会議の側にも問題があるのだろう」という言説が必ず出てくるのですが、そこに回収されてしまうのが一番まずい。日本人の「お上」体質で、政府がこれだけ言うのだから学術会議側にも何か瑕疵《かし》があるのだろうと思い込まされてしまう。また、それにお追従をするようなジャーナリストや学者も出てくる。科学的、理性的な議論にならない。それを回避するには、やはり、愚直に問題の本質を訴えていくしかないのです。

冒頭で述べたように、不気味な感覚という形で、いまの日本はファシズムの芽が育ちつつある。この時に大事なのは、やはり信頼と連帯です。こぶしを振り上げて反対というだけが抵抗ではなくて、それぞれの立場でそれぞれの発言をして、お互いの立場を信頼し、連帯していくことがこれからはますます大事になっていくのではないかと思います。

恐怖を感じてもなお書き続ける

桐野夏生

Kirino Natsuo

小説家。石川県生まれ。成蹊大学卒業。主な作品に、『顔に降りかかる雨』（江戸川乱歩賞受賞）、『ＯＵＴ』（日本推理作家協会賞）、『柔らかな頬』（直木賞）、『グロテスク』（泉鏡花文学賞）、『残虐記』（柴田錬三郎賞）、『魂萌え！』（婦人公論文芸賞）、『東京島』（谷崎潤一郎賞）、『女神記』（紫式部文学賞）、『ナニカアル』（島清恋愛文学賞・読売文学賞）、『バラカ』『とめどなく囁く』『日没』などがある。また、英訳版『ＯＵＴ』は、アメリカで権威のあるエドガー賞に日本人で初めてノミネートされた。

小説が現実に追い抜かされた

二〇二〇年九月に刊行した『日没』という小説で、近未来の「表現の不自由」について描きました。主人公の小説家・マッツ夢井が、ある日突然「総務省文化局・文化文芸倫理向上委員会」と名乗る政府組織から呼び出しを受け、断崖に建つ海辺の療養所に収容されるという内容です。

二〇一六年に雑誌連載が始まりましたが、その前後で、二〇一三年に特定秘密保護法、一五年に集団的自衛権の行使を可能にする安全保障関連法、一七年に「共謀罪」法がそれぞれ成立しました。さらに、一九年には、「あいちトリエンナーレ2019」で「表現の不自由展・その後」の展示中止があり、『日没』を刊行した直後の二〇二〇年一〇月には日本学術会議の任命拒否問題が発覚するなど、小説執筆の前後で、個人の自由・表現の自由を制限するような動きが次々と起こりました。小説が現実に追いつかれ、そして追い抜かされてしまったという感覚があります。

先日、私が戦時中の林芙美子《ふみこ》のことを書いた『ナニカアル』(二〇一〇年)を読み返す機会があったのですが、この小説を書いたからこそ『日没』が書けたのかもしれないと思いました。『ナニカアル』の舞台は、治安維持法によって苛烈な思想弾圧が行われていた時代です。治安維持法は当初共産党とそのシンパを取り締まるためにつくられたのですが、徐々にその適用範囲を広げていって、共産党とは全く無関係の人たちまで検挙するようになりました。

林芙美子の場合も、最初は毎日新聞記者の斎藤謙太郎との不倫を責められるのですが、そのうち斎藤がスパイ容疑をかけられ、彼女自身も監視されるようになる。そうなってくると、厭戦的《えんせんてき》な言動もしづらくなっていき、どんどん表現の幅が狭められていく。芙美子ではありませんが、人は自分が制限されることで、今度は他人に対しても制限を強要していくものです。

『ナニカアル』を書いたときに、そういう制限が拡大していくメカニズムの恐ろしさを感じたのですが、今回のコロナ禍においても「自粛警察」みたいなものが出てきて、似たような恐ろしさを感じています。

自分も攻撃されるのではないかという恐怖

私が『日没』を書こうとした直接のきっかけは、東日本大震災以降、世の中の雰囲気が変わってきて、何か締めつけられるような感じが強まってきたことに対する危機感だったのですが、その大本には、『ナニカアル』を書いたときの恐ろしさがあり、それらが全部一緒になって出てきたのだろうと思います。

この何とも言えない圧迫感を実感したのは、東日本大震災の原発事故を題材にした『バラカ』（二〇一六年）を書いていたときです。私は原発事故のほぼ直後からあの小説を書き始めたのですが、あの当時は、原発推進派と反原発派とが鋭く対立していて、ネット上でも激しい言葉が飛び交っていました。そうした情報に接していると、原発のことを書いている自分もいつか攻撃されるのではないかという恐怖感がありました。家の前に黒塗りのバンが停《と》まっていると、もしかしたら監視されているのではないかと疑心暗鬼になったり、パソコンの立ち上がりがちょっと遅いと、パスワードを盗まれて侵入されているのではないか、などと思ったりしたこともあります。

また、この作品に関して、ある作家に推薦文を依頼したところ、「政治的なことには関わりたくない」という理由で断られたこともありました。私は、むしろ関わらないことの方が政治的だと思うのですが、こうした「自粛」の仕方からも時代の変化を感じました。

表現規制は歴史修正主義に通じる

この変化の背景には、新自由主義及びグローバリズムの影響があると思います。文学に限らず表現というものは、それぞれの国や民族の固有の文化なり思想なりを土壌にして、そこから井戸を深く掘っていくことで互いに共通する普遍性を確保するわけです。ところが、グローバリズムはそうした固有性を洗い流してしまい、「世界市場」という市場原理に適《かな》ったもののみが流通していく。おまけに、そこでは人種差別、性差別といったさまざまな差別に対して一様に蓋をしていく。もちろん、社会としてあらゆる差別をなくすというのは極めて正しいことで、私もそう強く願っていますが、それを表現物も含めて一律に規制を課していくことは、また別の話だと思っています。

この規制には、表現物もお金を生み出す道具であるという考えが根本にあると思います。たとえば、人間という矛盾に満ちた不可思議な存在を描く場合、あえて差別的な人物を書く必要があります。そういう人は当然差別的な言葉を吐くわけですが、コンプライアンス（法令遵守）やポリティカル・コレクトネス（政治的妥当性）に配慮して、別の言葉に置き換えていくと、私の頭の中で思い描いている人物が発すべき言葉とは違ってくるし、私の意図も伝わりにくくなっていく。

戦前・戦中の治安維持法の場合は、特高（特別高等警察）や憲兵という国家権力が上から思想や言論を抑えつけたわけですが、いまは、『日没』で描いたように、ごく普通の人がネット上のある発言なり文章の一場面を切り取って、「これはポリティカル・コレクトネスに反している」と告発するようなことが起きている。そこには戦前とはまた別の恐ろしさがあると思います。

言葉を言い換えたり、創作物の中からいわゆる「差別」的な表現を取り除いていくということになると、フィクションであるにもかかわらず「正義」、それもいわば漂白された無味乾燥な正義しか書けなくなってしまう。それはある意味で、歴史修正主義的な行為でもあると思います。そうやって修正されたものからは確実に何か大事なものが失われてしまっている。

これは日本だけのことではなく、世界レベルでそういう傾向になっています。特にアメリカではそれが強く、現に私の作品の英訳がアメリカで刊行されるときには、ポリティカル・コレクトネスの観点から問題とされる箇所を指摘され、削除するように言われたことがあります。

「ヘイトスピーチも表現の自由である」と言う人がいますが、『日没』の中でも書いているように、私たち創作者が言う表現とは、映画であれ、詩であれ、小説であれ、一人の人間が責任を持って創作するものであって、ヘイトスピーチのようにただ無責任にしゃべり散らしたり、むやみにアジるものは表現物とは言えません。問題のすり替えです。

小説というのは読み取るのに時間がかかる芸術です。ある箇所を切り取って言葉尻だけを捉えて、「これは差別的なことを書いている作品だ！」と言われてしまうことを、私だけでなく、作家はみんな怖れていると思います。

また、小説を「純文学」と「エンタメ」の二つにカテゴライズして作家にレッテルを貼っていくというのも、新自由主義とグローバリズムが関係しているのではないかという気がしてなりません。実際には、その二つのジャンルのあわいで書いている作家がたくさんいるにもかかわらず、どちらかのジャンルに押し込み、マッツ夢井のような「エンタメ作家」に対してはポピュリズムに利用していく。それはまた、純文学は高尚だからある程度表現の自由は認めるが、エンタメは大衆に影響を及ぼすからより規制を強めていくという差別にもつながっていく。いまやそんな区分けは機能していないという人もいますが、なぜ私がこのことにこだわるのかと言えば、『日没』で書いたように、あえてその二つを分断し、その間隙を縫って、権力が「エンタメ」を容易にからめとってしまう危険性があるからです。

加えて、いま私が危惧しているのは、若い世代にとって、グローバリズムやポリティカル・コレクトネスの考え方が内在化していることです。そうすると、新自由主義やグローバリズムの危険性や、ポリティカル・コレクトネスやＳＤＧｓといった一見正しく思えるものに潜んでいる危うさをいくら説いても、若い人たちには分かってもらえないのではないかと、時々、無力感に襲われることがあります。

メディアの弱体化

一方で、いまの人たちはツイッターなどのＳＮＳを自由に使いこなし、そこで仲間をつくって発言を拡散していく。たとえば＃ＭｅＴｏｏ運動や検察庁法改正への抗議などは、一定の成果を収めた例と言えるでしょう。

それに比べて昨今のメディアの弱体ぶりが目に付きます。『日没』について随分とメディアの取材を受けましたが、どうもメディアは私のような個人に、本来自分たちが言うべきことを代弁させているようなところがあるように思います。つまり、メディアは自分たちが中立の立場を装って、私のようにものを言う人間をあたかも人身御供《ひとみごくう》のように差し出しているのではないか。あるいは両論併記といって、対立する立場の人間を戦わせて、自分たちはそれを外から眺めている。

たとえば、「3・11」から一〇年目に当たる二〇二一年の各メディアの東日本大震災の扱い方でも、みんな苦難にもめげずこんなに健気《けなげ》に生きています、みたいな話ばかりで、原発の廃炉の問題はどうなっているのか、それに関して東京電力の責任はどうなっているのか、などといった問題については、ほとんど取り上げていない。

先ほども言ったように、私自身は福島の原発事故の直後、それこそヘリコプターが上空から原発に向けて放水していた時期から、『バラカ』を書き始めました。この事故が今後どういう推移をたどり、どういう結果を招くのか皆目わからなかったのですが、ただただ湧き上がってくる不安を文字に書いてみよう、書かなければならない、そう思って書き出したのです。もちろんあとから読むと全く的外れなところもあり、もう少し時間が経《た》ってからの方が正確なことが書けたかもしれない。でも、あのとき現に起こっていることと同時進行的に書かなかったら、あの作品は生まれていなかったと思います。

本物の「絶望」を描く

作家になってもう二六年以上経ちますが、最初の頃は本当におたおたしていて、荒野に素っ裸で立っているような感じで、その当時はまだネットも普及していませんでしたが、何か言われるのではないか、どこからか攻撃を受けるのではないかと怖かった。

いまだって恐怖がなくなったわけではありませんが、目の前にむごい世の中があるわけですから、それに対する憤り、あるいは真の絶望を誰かが書かないといけない。もちろん、そういうことを書けば風当たりも強くなるのですが、そこに書かれた言葉からどういうイメージを受け取るかは一人ひとり違う。つまり、本を読んだり物語をつくるということは、他人が自分とは違うことを考えているということを容認することでもあるわけです。

こういう時代であるからこそ、言葉によって紡がれた物語がいかに大事であるかを改めて感じています。私自身は物語をつくることが好きで、その中に耽溺《たんでき》しているだけなのですが、これからも臆することなく、漂白された正義ではなく、本物の「絶望」を描いていきたいと思っています。

メディアによる忖度の構造
——現場に「編集権」がない日本

永井 愛

Nagai Ai

劇作家・演出家。東京都生まれ。二兎社主宰。日本の演劇界を代表する劇作家の一人として海外でも注目を集める。二〇二一年一月、「メディアをめぐる空気」を描いたシリーズの第三弾（完結編）となる『ザ・空気 ver.3　そして彼は去った…』を上演。第一弾の『ザ・空気』は、テレビの報道番組に寄せられた保守系団体のクレームや匿名の脅しによって報道現場に忍び寄る奇妙な「空気」を描き、第二弾の『ザ・空気 ver.2　誰も書いてはならぬ』は、大手メディアの政治部と政権の関係を鋭くえぐり出した。第三弾では、再び第一作と同じテレビ局を舞台に、時を同じくしてメディアで盛んに取り上げられていた「日本学術会議問題」を俎上《そじょう》に上げ、現代日本のメディア界を覆う不気味な「空気」をあぶり出した。

「強制」が人々から思考力を奪う

『ザ・空気 ver.3　そして彼は去った…』の台詞《せりふ》に書いたのですが、政府が日本学術会議の新会員候補六人の任命を拒否したことについて、世論調査によると、「おかしい」といっている人が三割くらいしかいない。残りは「妥当」か無回答。なぜこれほど多くの人が政府の介入を問題だと思わないのだろうか。しかし、よくよく考えてみると、こういうことはもっと前から始まっていて、いろいろな積み重ねを経てここへ至ったわけです。

たとえば、私が政治的なテーマにかなり踏み込んで書いた作品に、二〇〇五年に上演した『歌わせたい男たち』があります。二〇〇四年春、都立学校の教師など、二四〇人以上が国歌斉唱時の不起立や伴奏拒否を理由に処分されました。しかも、憲法第一九条で保障されている「思想・良心(信条)の自由」の問題にはせず、業務命令違反という枠の中に閉じ込めて処罰した。これは明らかにすり替えです。そこで処分を受けた教師たちが声を上げたのですが、いつまでたっても学校内の問題とされて市民層へは広がっていかなかった。

この、憲法も民主主義も無視したかのような事件に対する違和感が、私に『歌わせたい男たち』を書かせたのですが、そもそもは、ロンドンのブッシュ・シアターという劇場から一緒に公演をやらないかと持ちかけられて書いたものです。そこで芝居のあらすじを書いて送ったら、芸術監督に「これは何十年前の話ですか？」と訊《き》かれた。私が「いまです」と答えたら、信じてもらえませんでした。彼にしてみれば、およそ現代の話だとは思えなかったのですね。続けて、こう言われました。「この芝居はロンドン市民には理解されないだろう。もしイギリスでこういうことが起きたら、まずその学校の保護者たちがおかしいと言い出す。それは右だとか左だとかにかかわらず、そのような一方的なやり方をしたら、周囲の人たちが許さない」と。

結局、提携公演には至らなかったのですが、たしかに日本では周囲を巻き込む広範な運動にはならず、処分される先生と処分する側の話に閉じてしまう。おまけに、誰か一人でも違反すると全体が連帯責任を負うというシステムになっている。当時、「違反者」、つまり不起立だったり伴奏を拒否したりした人は研修を受けさせられることになっていたのですが、そういう人が一人出ると、そこにいた全員が研修を受けなければならない。そうすると妙な同調圧力が出てきて、異を唱える人が居づらい状況になっていく。

「学術会議問題」も、日の丸・君が代の拒否が公然と処分され始めて、その流れを止めることができずに今日まで来てしまったことと関係しているような気がしてなりません。民主主義を標榜《ひょうぼう》している国で、本当にこんなことがあっていいのかと、呆《あき》れるばかりです。

私がこういう芝居を書くと、「じゃあ、どんな国歌ならいいのか、代案を出せ」という人がいます。しかし、たとえ民主主義を高らかに謳い上げる国歌ができたとしても、それを歌わなかったから処分するというのは許されることではありません。そもそも公立学校で国歌斉唱が強制されている国というのは、あのときに調べたら、日本と中国ぐらいしかない。それなのに、多くの日本人は、「公立学校なのだから国歌を歌うのは当然じゃないか」「それを拒否するなんておかしい」という思考から一歩も抜け出せずに、それ自体を問うこともしない。

もっと言えば、このような「強制」は、人間の思考力を麻痺《まひ》・萎縮させてしまう。その結果、最近ではものを考えない人が増えたのではないかという危惧すら感じています。

日本では報道の現場に「編集権」がない

一連の『ザ・空気』で書いたように、いまの日本のメディアは非常に問題が多いと思っています。報道機関は危機感をもって国民に知らせるべきことを知らせることが責務のはずですが、最近の新聞やテレビの大手メディアは、ジャーナリストとして国民の知る権利にどう応えるかよりも、サラリーマンとして自分の属する会社の利益を考えて動くことを優先しているように思える。だから、会社が時の政権に睨《にら》まれてまずいことにならないように自己規制することが当然のこととしてルール化されているし、首相の記者会見などでは「一社一問」「更問《さらとい》なし」を、何の疑問も持たずにやっている。こうしたジャーナリズムの有り様は驚くべき姿です。

安倍前首相の辞任記者会見では、このジャーナリズムの劣化を見せつけられました。辞任を発表する直前まで、首相は国会を逃げているとさんざん非難していたのが、一転、「続投したかったのに病気でやむなく去りゆく総理」という美談をメディアがつくり上げ、多くの人たちがその色合いに染まってしまった。本当に怖い状況だと思います。

いま若い人たちの間に、クレームをつけたり批判したりするのは悪いことだという空気が熟成されている印象があります。だから、いつも政府を批判ばかりしている野党は「性格が悪い」ということになってしまう。野党というのは政権与党を批判するためにあるんですよと言っても、そのことが分からない。

批判をしないことが当たり前だという考えで育つと、なるべく考えない、思考停止という状態が自然なことになっていく。だから、何か物申す人というのは、物申さない人の後ろめたさを刺激し、逆に嫌われてしまう。

私が『ザ・空気』シリーズでベタなくらいに訴えたのは、第二次安倍政権以降、報道への締めつけが強くなったことです。テレビの場合は、政権サイドが全部のニュース番組を見て、誰がどう発言したかを細かくチェックし、政権に不都合だと思ったものに対しては、現場に文句を言う。最初、現場はそれに反発していたのですが、そのうち現場ではなく、会社の上層部に言うようになる。人事権を握っている人たちを通すことで現場に忖度・自己規制が広がっていく。そういう仕組みをつくり上げたわけです。

このシリーズを書くためにいろいろ調べたのですが、このような状況で非常に大事なのは、メディア内部の「自由」だということが分かりました。たとえ政権からの圧力を受けても、報道に直接携わる人たちの「言論・表現の自由」を守る仕組みがあれば、こんな簡単に忖度・自己規制というかたちで政権に取り込まれることはない。しかし、なぜかそういう仕組みをつくろうという声がメディアの内部から上がってこないのが現状です。

その仕組みとは、具体的に言えば、「編集権」だと思います。日本では、一九四八年三月にGHQ（連合国軍最高司令官総司令部）の主導で出された日本新聞協会の「編集権声明」で、「編集権とは新聞の編集方針を決定施行し報道の真実、評論の公正並びに公表方法の適正を維持するなど新聞編集に必要な一切の管理を行う権能である」と定義されている。言ってみればジャーナリズムの生命線なのですが、この編集権の行使者は「経営管理者およびその委託を受けた編集管理者に限られる」とある。つまり、現場ではなく経営者に帰属しているわけです。これは声明が出された当時、労働運動が盛んで、労働組合の左傾化を恐れたGHQの要請によるものだと言われています。

以前、新聞記者にインタビューした時、その記者は、編集権は現場にあると思い込んでいて、実は経営者にあるということを知らなかった。しかし、池上彰さんが「朝日新聞」の従軍慰安婦報道について批判的な文章を寄稿したところ、上層部が掲載を拒否したことがありましたが、あれはまさしく経営者による編集権の行使です。そんなことも分かっていないというのは、ジャーナリスト自身の問題意識が稀薄だと言わざるを得ない。

たとえばドイツでは、記者には「理由開示請求権」があり、理由なしに記事や番組の改変・中止がされないようになっている。フランスでも記者たちが株を保有することで会社の決定に拒否権を発動するシステムがあって、現場の記者たちの権利が簡単に侵されないような工夫がなされている。

編集権によって自分たちを守る仕組みをつくっていかなければならないのに、一向に横のつながりができずに、各社個別の話に留まっている。

こうした構図は、日の丸・君が代の話と同じです。あくまでも、お上対個の関係であって、周りの人が参画する仕組みがない。そのために、ある個人が自分の良心に従おうとした時に周囲の人とのつながりがないことで孤独に陥り、立ち直れないほどの痛手を負ってしまうことが往々にして起こる。こうした仕組みを何とかしようという動きが生まれないのは、なんとも残念です。

知る機会があれば通じる

私は『ザ・空気 ver.3』の中で、学術会議の問題は「学問の自由に対する侵害」という言葉を使わざるを得なかったのですが、この「学問の自由に対する侵害」という言葉自体、いまの若い人たちには届いていない気がしています。その意味するところを、決まり切った言葉ではなく、もっとていねいに伝える努力をしなくてはいけない。そのことを痛切に感じます。

残念ながら、本当に大事なことを言っているつもりなのに、その言葉が人の心を揺さぶらず届かないことが多々あって、かえって政権与党の人たちの巧みに論点をずらしていく無内容な言葉の方が届いてしまう。そのような中で、法政大学教授の上西充子《うえにしみつこ》さんが発案した「国会パブリックビューイング」は、そこに見事に風穴を開けたと思います。

街頭のスクリーンに国会審議の映像を映し出し、政権側が野党の追及をかわすために論点をずらしたり、ごまかそうとしている様子を道行く人たちに見せつける。それを見るまでは、「野党がだらしないからだ」という言葉で片づけていたものを、そうやって「見える化」することによって、与党の答弁のいい加減さに初めて気づくことができる。

その一方で、これは評論家の荻上《おぎうえ》チキさんがおっしゃっていたのですが、いろいろなところに#ＭｅＴｏｏ運動のような芽が出てきていて、既成の概念に対して「おかしいよね」と声を上げて、議論をする若者も増えてきているそうです。かつて権力と直接対峙した六〇年代、七〇年代の政治的若者とは違ったかたちでの異議申し立てが出てきている。そういうところから出てくる問題意識と学問の自由、言論・表現の自由の問題がうまくリンクしてくると、一気に裾野が広がるように思うのですが、なかなか簡単ではありません。

ただ、『ザ・空気 ver.3』ではアシスタント・ディレクター役で金子大地君が出てくれたので、大地君ファンの若い女の子がたくさん来てくれて、しかも一回だけでなく何回も来てくれた。その人たちがアンケートに、「知らないことを知ることができて面白かった」と書いてくれているのを見て、「あっ、通じた！」と、すごくうれしかった。やはり、知る機会があれば、「こういうことは変だよね。変だと思ったら変えよう、それを変えるのはあなた方一人ひとりの力なんだよ」ということが分かるし、それはやがて大きな力になっていく。

現に、検察官の定年延長の問題ではツイッター・デモが盛り上がって、ついには廃案に追い込んだ。おかしいと思ったことに対して声を上げる人がいて、それに賛同する人が加わり、そして民主的な判断を勝ち取る。そういう成功体験を重ねていくということが大事だと思います。

日本はこれまで経済的に恵まれてきたから、多くの人は特に政治に関わらなくても何とかなると思っていたかもしれません。しかし、コロナ禍に対しても、経済的不安に対しても、現政権はほとんど何もしてくれないという最悪の事態を経験し、この辛《つら》く恐ろしい状況が主権者の目覚めにつながるかもしれない。一人が無理して犠牲になるのではなく、一人ひとりが主権者として少しずつ力を出し合えば、この閉塞した状況を変えることができるのではないか。それを期待したいと思います。

水はいきなり煮え湯にならない

村山由佳
Murayama Yuka
小説家。東京都生まれ。立教大学文学部卒。一九九三年『天使の卵――エンジェルス・エッグ』で小説すばる新人賞を受賞しデビュー。二〇〇三年『星々の舟』で直木賞を受賞。〇九年『ダブル・ファンタジー』で中央公論文芸賞、島清恋愛文学賞、柴田錬三郎賞を受賞。このほか、「おいしいコーヒーのいれ方」シリーズや『アダルト・エデュケーション』『放蕩記』『風よ　あらしよ』『雪のなまえ』など多数。

「自由が幸せとは限らない」

と、ムーミン谷のスナフキンは言った。

含蓄のある言葉だ。なるほど、物事は一面だけでは語れない。

けれど、無粋を承知であえて言っておきたい。

「自由が幸せとは限らないが、自由のないところに幸せはない」

終戦後に捕虜となってシベリアへ送られ、四年間の過酷極まる抑留生活からようやく生還した父が、その後の人生を通して娘の私に教えてくれたことの一つはそれだった。

いま現在、私たちはとりあえず民主主義の国に生きている。

そのせいだろうか、〈自由〉について考える機会はそう多くない。足枷《あしかせ》や鎖で地下牢《ちかろう》にでもつながれているなら、一度でいい、青空の下を歩き回りたいと願って当然だけれど、そうでもない限り、自分が今どれほどの自由を手にしているかなど意識する必要もない。目に見えないもののことを考えるのが、どうやら私たちは苦手のようだ。

ふだん意識しないものだから、そこにあって当たり前と思いこんでしまう。意識しないものだから、失われる可能性について考えが及ばない。何より、多くの人々はこのことを、たちまち我と我が身に降りかかる問題だとは思っていない。誰かの自由が奪われるのをその目で目撃してさえも、今これを許してしまったならいつかこの先で自分の自由も奪われる、ということを想像できないのだ。

そうして一方では、危機感を抱いて発言する者のことを揶揄《やゆ》し、嗤《わら》う。どうして平気でいられるのかわからない。いわゆる正常性バイアス的なものが働いているのかもしれない。二〇二〇年の十月、日本学術会議が新会員として推薦した候補者のうち数名が任命拒否された時、私はSNSにこんな呟《つぶや》きを投稿した。

ここまで来たらあとほんのひとまたぎじゃないかしら。たとえば身を削って書きあげた小説が突然発禁を食らい、お上にいくら理由を訊こうが答えてもらえず「法に基づき適切に対応」とか言われるところまで。

水はいきなり煮え湯にならない。火を消し止めるなら今だ。

ちょうど、婦人解放運動家にしてアナキストの伊藤野枝《のえ》を主人公に据えた評伝小説を上梓《じょうし》した直後であり、軀《からだ》の中に野枝の荒ぶる魂がまるで第二の人格のごとく居座っていただけに、時の権力が自分たちに都合の悪いことを力で封じるかのような動きに対して、瞬時にアレルギー反応が起きたのだった。

この呟きに対しては、万を超える人たちが共感を示しリツイートしてくれた反面、びっ

くりするほど攻撃的なコメントやメッセージも多く寄せられた。曰《いわ》く、

「アタマ悪過ぎ。この民主主義の日本で発禁なんかあるわけないだろ」

「誰かに入れ知恵されてわかった気になってる。作家は政治に口を出すな」

「『おいしいコーヒーのいれ方』の頃はファンだったのにこんな浅はかな人だったなんて、もう二度と読まない」

「ろくな小説が書けなくなったから政治的発言で注目を浴びようとしてる、可哀想《かわいそう》なかまってちゃん」……。


せっかく寄せて下さったコメントなので、逐一、ねぶるように読ませていただいた。そうして、なんとも暗澹《あんたん》たる気持ちになった。

批判されたからではない。見たい世界しか見ようとしない人に、別の見方もあると知ってもらう、ただそれだけのことの難しさに膝が抜けるような思いがしたからだ。

言葉とは、表現とは、こんなにも通じないものなのかと今さらながらに思い知らされた。言葉がどれほど不完全で不自由な道具であっても、あきらめずに対話を続けていけば、たまにはいくばくかの歩み寄りが生じることもあるだろうし、少なくとも互いの立ち位置の

違いを確かめた上で尊重し合うことならできる。そう思っていた。しかしそれは、相手が対話を受け容れようとした場合に限られる。自分と異なる考えを持つ者を、はなから全否定してかかる人との間には何ひとつ良いものなど生まれない。

このことは今も、自戒とともに胸に刻まれている。

私自身、見たい世界しか見ていないのではないか。ふだんSNSのタイムラインに流れてくるのは、そもそも何かしらの感銘を受けてフォローした相手の発言ばかりだし、興味を惹《ひ》かれ、自らクリックして読みに行くニュースもおそらく相当偏っているに違いないのだ。

先ほど触れた伊藤野枝は、一〇代で平塚らいてうの主宰する「青鞜《せいとう》社」と関わり、二〇歳そこそこで婦人解放問題に目覚め、夫であり同志であるアナキスト・大杉栄とともに運動を続けたひとだった。

百年も前の話だ。今とは比べようもないほど女性の人権が無視されていた当時、世間からどれだけ叩かれ、発言が〈炎上〉しようとも、挫《くじ》けるどころかむしろ奮起して声をあげ続け、そのために大杉共々、時の政府から抹殺された。実行犯は憲兵分隊長の甘粕《あまかす》正彦だったが、陰の黒幕がいたことは数々の証言から読み取れる。真相は、今も闇の中だ。

日本じゅうが、近づく戦争の足音を聞いていたあの時代、最悪の事態を回避できる分かれ道はいくつも巡ってきたはずなのに、この国はただ突き進む以外のことをしなかった。大杉や野枝をはじめとする社会主義者や、彼らの思想に共鳴した作家などの言論人が、ひろく民衆に訴えようと声をあげようものなら、あっという間に捕まって獄に入れられ、裁判すら経ることなく処刑されもした。

恐怖は人の口をつぐませる。自分ばかりでなく大切な家族にまで累が及ぶとわかっていて、信じることを曲げずに発言できる者がいったいどれだけいるだろうか。

百年も前、と言ったが、見方を変えればたったの百年前とも言える。

事実、野枝の評伝を書くための準備にかかってから、連載を経て単行本を上梓するまでのほんの数年の間に、社会が、現実が、野枝の生きていた時代に近づいてくるのを肌で感じた。

国のあり方。発言の封じられ方。お上に対して「おかしい」と声をあげることが許されない空気。反対意見を口にしたとたん、顔の見えない人々から寄ってたかって袋叩きに遭い、つまはじきにされる。はてはジャーナリズムまでが権力に屈し、〈忖度〉して口をつぐむ……。

今この国では、ごくプライベートな関係性の中での「表現の自由」はそこそこ保証されても、パブリックな場においては暗黙の了解のもとに制限されたり、それこそ忖度による自粛が求められたりといった具合に圧力が強まっている。

くだんの日本学術会議の新会員候補者任命拒否や、あるいはまた、「あいちトリエンナーレ２０１９」における「表現の不自由展・その後」の中止など、学問や芸術の世界にまで権力が介入し、表現の自由が脅かされたケースはいくらもある。

「表現の不自由展・その後」の時は、内容もさることながら、その開催に税金が遣われたことが問題になった。政治的な主張を持つ芸術に対して行政が後援をするというのは、特定のメッセージにお墨付きを与えることにもなりかねないから望ましくない、という考え方だ。

けれども、考えてもみてほしい。

芸術というものはおしなべて作り手による〈表現〉であって、その国の政治とまったく無関係に生きてゆける人間が存在しない以上、政治と完全に無縁の表現というものもまた存在しない。ある表現を通して、ひとが生きてゆく意味や社会の問題について考えさせる機会をもらえる、それこそが芸術というものの存在意義だ。

要するに行政は黙って金を出せばいいのだと、私は思っている。よほど極端な差別や、暴力・暴動を煽《あお》るような表現でない限り、いちいち内容にまで立ち入って選別する権利は、行政にはない。

このことについて、「あいちトリエンナーレ」の責任者でもある愛知県知事の大村秀章《ひであき》氏はこう発言された。

「〝税金でやるからこれをやっちゃいけないんだ〟というのは私はまったく真逆だと思う。行政、国、県、市、公権力を持ったところだからこそ、表現の自由は保障されなければならない」

芸術祭を開催するに際して、金は出しても表現内容に口は出さない、という姿勢を、はっきりと表明されたのは見事だった。

大きな催しばかりではない。市井の日常においても、表現の自由に対する権力の介入は著しい。

強烈に思いだされるのは、安倍晋三元首相が街角で選挙演説をした際のことだ。聴衆の中にいた老齢のご婦人が、ただ黙って年金問題についての小さなプラカードを胸もとに掲げていると、警察官から問答無用で排除された。同じく、学生らしき若い女性が増税反対の声をあげただけで、たちまち薄笑いの婦人警官らに取り囲まれ、「静かにして。ね、向こうへ行こう、ジュース買ってあげるから」などと輪の外へ連れ出されていった。

それらの映像を観《み》ながら、おそろしい違和感を覚えてぞっとしたのを覚えている。

どちらの女性も暴力などふるっていないし暴れてもいない、周囲を扇動したわけでもない。ただ、自分の考えを言葉で表明しただけ。お上に対して、「それは間違っていると思う」と意思を明確にしただけだ。そこへいきなり警官が出てきて、声をあげさせまいと妨害する。これはどう考えても、時の政府に都合の悪いことは力で封じる、言論弾圧そのものではないのか。

「言論弾圧？　あり得ないだろ。表現の自由は、日本国憲法で認められているんだぞ」

そう言って嗤う人もいるが、本当にそうだろうか。

今でさえ、すでに充分すぎるほど、質問には答えてくれない政府だ。質問に答えないとはつまり、対話の拒絶に他ならない。あらゆる対話を、「批判にはあたらない」「承知していない」「お答えを差し控える」といった常套句で拒み、当然の説明責任を果たさないまま数の論理で次々に法案を通し、結果、思うとおりに国を動かそうとする。

それらはまさしく、「いつか来た道」だ。憲法や法律を都合良く解釈して行動する権力者は、過去にいくらでもいた。


「自由のないところに幸せはない」

と最初に書いた。

じつは、戦争を生き抜いた亡き父が教えてくれたことは、もう一つある。

「権力とは、絶対に見張らなければならないものである」

ということだ。

そう、水はいきなり煮え湯にならない。どこかの時点で火を消し止めることはできなかったものか……と、後になってふり返ればきっと思うのだろう。思うのだろうがしかし、実際にただなかを生きていると、いったいいつがその時であったかが見えにくい。

責任を「痛感する」ばかりで「取る」ことを知らない政府に、私たち国民がいつのまにかすっかり慣らされ、あきらめてしまっているのが怖い。

現在この国で起きていることの多くを、自分とは直接関係のない問題だと高をくくって、「今」「ここ」のタイミングを見逃し続けていると、気がついたときにはもっとあからさまな言論弾圧が当たり前にはびこり、もはや後戻りは不可能になっている――。

はたして、杞憂《きゆう》だろうか？

それが杞憂に終わることを、むしろ全身全霊で祈りたい。

第三章

いま、声を上げる自由を

わたしはバックラッシュサバイバーである

上野千鶴子

Ueno Chizuko

社会学者・東京大学名誉教授・認定NPO法人ウィメンズアクションネットワーク（WAN）理事長。富山県生まれ。京都大学大学院社会学博士課程修了。東京大学文学部助教授、東京大学大学院人文社会系研究科教授を経て現職。専門は女性学、ジェンダー研究。この分野のパイオニアであり、指導的な理論家の一人。高齢者の介護とケアも研究テーマとしている。二〇一一年度、「朝日賞」受賞。受賞理由は「女性学・フェミニズムとケア問題の研究と実践」。主な著書に、『近代家族の成立と終焉』（サントリー学芸賞受賞）、『おひとりさまの老後』『不惑のフェミニズム』『上野千鶴子の選憲論』『女の子はどう生きるか――教えて、上野先生！』『在宅ひとり死のススメ』ほか多数。

二〇年前からフェミニストはバックラッシュにさらされていた

二〇一九年、文化庁は「あいちトリエンナーレ2019」（以下、「あいトリ」）の補助金を申請した愛知県に対して、内定していたはずの補助金交付を行わないとしましたが、これはいわば試合の途中にルール変更をするようなもので、まったく筋が通りません（その後、減額交付）。文化庁は納得できる理由を示していませんが、「あいトリ」の企画展「表現の不自由展・その後」に対する右派の猛攻撃、また彼らと思想的に近い政権の意向が影響したことは容易に想像できます。この展示をめぐっては、多数の抗議電話やメール、さらには「ガソリン携行缶を持って行く」などと京都アニメーションの放火殺人事件を彷彿《ほうふつ》とさせる強迫行為もありました。ここまで攻撃が激しくなった要因を、SNSの普及と結びつけて論じる向きもありますが、そうではありません。そのずっと以前の二〇〇〇年代から、わたしたちジェンダー研究者やフェミニストたちは強烈なバックラッシュにさらされ、さんざん痛めつけられてきたからです。

この時代を生き延びたわたしたちジェンダー研究者を「バックラッシュサバイバー」と呼ぶ人もいるくらいですが、それほど、当時のバッシングは激しいものでした。今のSNSでのバッシングとの大きな違いは、クソリプのような言葉の暴力だけにとどまらず、実際の被害が生じたことです。年表で示したように、公的な女性財団が解散させられる、フェミニストが講師を務める講演会が右派の嫌がらせによってドタキャンされる、ジェンダ

図 バックラッシュに関する年表

2000	東京都女性財団廃止命令（2002年解散）
2001	東京都千代田区男女共同参画センター松井やより氏の講演中止／東京都台東区男女平等推進プラザ辛淑玉氏講演中止／石原慎太郎東京都知事「ババア」発言
2002	山谷えり子衆議院議員が国会で『未来を育てる基本のき』『思春期のためのラブ&ボディBOOK』を問題視、販売中止へ追い込む
2003	七生養護学校事件／東京都教育委員会（以下、都教委）「不適切な性教育」批判、教員大量処分／都教委式典国旗国歌実施通達
2004	都教委「ジェンダーフリー不使用」通達
2005	自民党「過激な性教育・ジェンダーフリー教育実態調査」プロジェクトチーム発足（安倍晋三座長・山谷えり子事務局長）／国分寺市事件（東京都、国分寺市と共催の人権講座に介入、講師候補者の上野を拒否）
2006	内閣府新国内行動計画策定にあたり「ジェンダー・フリー」不使用の通達／千葉県男女共同参画センター設置条例否決／福井県ジェンダー関連図書153冊撤去事件（うち17冊が上野の著書）
2008	茨城県つくばみらい市で男女共同参画事業として実施される予定の平川和子を講師とするDV防止法関連の人権講座が右派の妨害により直前キャンセル→抗議署名運動／大阪府堺市図書館でBL関係の図書5499冊が「市民」の要請を受けて撤去、処分の直前に、抗議によって差し止め
2010	東京都教員らによる君が代・日の丸処分都教委訴訟最高裁で敗訴
2011	七生養護学校処分訴訟、教員側勝訴
2018	自民党杉田水脈衆議院議員「（LGBTカップルは）『生産性』がない」発言で炎上／同議員、牟田和恵・大阪大教授らジェンダー研究者に対して「科研費流用」発言
2019	杉田議員の上記発言について牟田教授ら4人が京都地裁に提訴（フェミ科研費裁判）
2020	杉田議員、性暴力被害者支援事業について「女性はいくらでも嘘をつける」発言／政府の第5次男女共同参画基本計画案から「選択的夫婦別氏（姓）」の文言削除
2021	丸川珠代参議院議員ら自民党国会議員有志50人が一部の地方議員に対し、選択的夫婦別姓制度導入に賛同する意見書を地方議会で採択しないよう求める文書を送付

上野千鶴子「ネオリベ／ジェンダー／バックラッシュの危ない関係（資料集）」をもとに作成

ー関係の図書が公立図書館から大量に撤去される……。生命の危険を感じる脅迫を受けたジェンダー研究者もいます。わたし自身もこれらの実害を被った人間の一人です。

ネオナショナリズム勃興とバックラッシュの同時進行

二〇〇〇年代にジェンダー研究者が猛烈なバッシングにさらされたことには、いくつかの理由があります。その一つは、一九九九年に成立した男女共同参画社会基本法等、一連の男女平等政策が進んだことに、右派が強い危機感を持ったことです。右派が組織的に結集した「新しい歴史教科書をつくる会」が発足したのは一九九六年ですが、そのバックにあった日本会議が力を強めたのは二〇〇〇年代のことでした。第一次安倍内閣、そして第二次以降の安倍内閣の閣僚のほとんどが日本会議、あるいは同じく右派の神道政治連盟国会議員懇談会のメンバーです。彼らのような政治家たちが政権の中枢を占めただけではなく、地方自治体でも石原慎太郎都知事（一九九九―二〇一二年）、橋下徹大阪府知事（二〇〇八―二〇一一年。二〇一一―二〇一五年大阪市長）、河村たかし名古屋市長（二〇〇九年―現在）が誕生し、日本の三大都市の首長はことごとく右派系の人物となりました。それにより、地方行政における男女共同参画推進委員や教育委員に右派系の人物が任命され、現場にさまざまな介入が行われていくようになっていきました。

性交を教える性教育を「行き過ぎている」「過激だ」と非難し、現場の教員が処分される、同じ理由で性教育の指導書が絶版に追い込まれる、教育現場での「ジェンダーフリー不使用」を教育委員会が通達するといった、当時、矢継ぎ早に行われた公権力からの介入は、いまだに夫婦別姓が実現しないことやアクセスのハードルが高い緊急避妊薬などの問題へとつながっていると言えるでしょう。

九〇年代から勃興したネオナショナリズムが、ジェンダーフリーバッシングというフェミニズムへのバックラッシュと同時進行していたということは、強調しておきたいと思います。一九九九年に成立した国旗国歌法は男女共同参画社会基本法と同時期に同じ国会を通過しましたが、この法律に基づき、学校の式典で国歌斉唱、国旗への敬礼を行わない教師に対する大量処分が発生したのも、やはり二〇〇〇年代でした。さらに、この時期はネオリベラリズム（新自由主義）が進んだ時代でもありますが、男女平等法制と労働の柔軟化（裁量労働制や改正パートタイム労働法など）がセットで進んだのは、少子化を背景に女性の労働力化に迫られるという、非常にねじれた事態が生じていたからです。つまりこの時代は、ネオリベ／ネオナショナリズム／ジェンダーバックラッシュの三つが「危ない同盟関係」を結んでいたと言えるでしょう。

フェミニズムは国家と家族の価値を守りたい保守派にとっては、耳障りなノイズです。今日でも、フェミニスト研究者の科学研究費（科研費）課題に対して、自民党の杉田水脈衆議院議員が「反日的」と批判して、科研費流用などのいわれなき誹謗《ひぼう》をしたことに対し、名誉毀損で提訴して闘っている研究者たちがいます（「フェミ科研裁判支援の会」http://kaken.fem.jp）。放置しておけば科研費への政治介入が強まるだろうことを懸念したからです。この科研課題研究（基盤B）「ジェンダー平等社会の実現に資する研究と運動の架橋とネットワーキング」には、性暴力に関連して「慰安婦」研究が主題に含まれていました。右派の政治家が「反日的」とか「国益に反する」と言うのは、「政権の利益に反する」ということと同義。彼らがどれほど「慰安婦」問題に神経を尖《とが》らせているかがわかりますし、また女性政治家を使って「女による女たたき」をやらせるのも、彼らの戦略でしょう。

踏み絵とされた慰安婦問題

ジェンダーバックラッシュで踏み絵とされた最大の争点は、「慰安婦」問題です。「表現の不自由展・その後」には、「慰安婦」をモチーフにした「平和の少女像」も展示されました。この少女像は以前から世界各地に設置され、そのたびに右派からの強い反発を引き起こしてきたのですが、今から思えば、「慰安婦」問題を扱うことがどれだけ大きな反響を呼ぶか、「あいトリ」の主催者側の認識は甘かったし、芸術監督の津田大介さんはその点においていささかナイーブだったのではないか、とわたしは思います。

ジェンダー研究者の講演会中止の際にも、街宣車を動員しての右派の脅迫がありました。抗議活動の中心となったのは、二〇〇〇年代に台頭してきた行動派右翼と呼ばれる人々でした。彼らは自分たちの優位が脅かされることに対する危機感が非常に強く、しかも言論右翼に対して自分たちは口先だけではない、行動に出るんだという姿勢を示していましたから、本当に恐怖を覚えました。

抗議や脅迫を受けて腰砕けになったのは、行政も同じです。当時、民間でも「慰安婦」

関係の写真展が中止されるといった事件が起こっていましたが、主催者は、内容が問題だとは言わず、「講師と聴衆の安全が確保できない」ということをキャンセルの理由としていました。たとえば、二〇〇八年に起きた、つくばみらい市主催のDVをテーマとした男女共同参画講演会に対し、行動派右翼は、講師として招かれていた平川和子さん（東京フェミニストセラピィセンター所長）を「思想的に偏っている」と誹謗中傷し、市役所前で街宣活動を行いました。そのために市長判断で講演会の中止が決定され、わたしたちは平川さんとも連携をとって、つくばみらい市に抗議文を送り、ネット上でも署名を募りました。

ごく少数の者による威嚇で公的な事業が取りやめになるという由々しき事態は、他の自治体へも波及する恐れがありました。実際、つくばみらい市の事件があった直後、新潟県長岡市で予定されていた平川さんの講演会にも、行動派右翼は現地に集結して抗議活動を行うことを呼びかけていました。わたしたちはそれに先回りし、長岡市側に入場者チェックを行って事前予約者以外は入れないようにするなど万全の警戒態勢を敷いて講演会を開催するよう求めました。長岡市はそれに応えてくれましたが、このとき、長岡市長直々の指示があったと聞いています。自治体、特に首長の毅然とした姿勢があれば、市民の安全を確保して企画を実施することはできるのです。実際、「あいトリ」の事件が起こったときには、大村秀章《ひであき》愛知県知事が筋を通し、再開にこぎつけることができました。

SNSの脅迫には、「爆弾を仕掛ける」「狙撃する」というものもあります。けれども、SNSやメールの脅迫に怯《おび》えていたら、わたしたちは市民生活を送ることはできません。DVの事例に見られるように、わたしたちは暴力によって無力化されてしまいます。しかし、思考停止して暴力に屈するのだとしたら、それこそ今、非暴力で抵抗する市民を弾圧するミャンマーの軍事クーデターを容認することと同じになってしまいます。

脅迫を受けたら警察に警護してもらうなど、わたしたちが取ることができる対応策はいくらでもあります。「あいトリ」が再開されたときも、すべてを事前予約制にし、管轄の警察による警備体制を敷きました。もし最初から同様の厳しい警備を行っていれば、中止の必要はなかったでしょう。実際、再開後には大きな問題も起こらなかったのですから。

メディアの重要な役割

二〇〇〇年代、わたしたちジェンダー研究者は、バックラッシュの一つひとつの動きに対してもぐらたたきのように、その都度、根気よく闘ってきました。抗議運動もしましたし、訴訟も起こしました。ここで食い止めないと歯止めなく後退を強いられると危機感を抱いたからです。しかし、わたしたちの闘いはほとんど知られていません。一つには、当時のメディアが「しょせん、女子どもの話」と、ジェンダー界隈《かいわい》や教育現場で起きたバックラッシュをほとんど問題にしなかったことが原因です。それどころか、この時期以降、メディアは政権に対しての批判精神をまったく失ったかのように見えます。

アーティストやタレントが政治的な発言をするたびに、猛バッシングを受けますが、彼らも市民の一人です。政治的発言をしてはならない理由がわかりません。アメリカではスポーツ選手や歌手が大統領選挙にも積極的に発言しています。それだけでなく、政治家たちも、選挙戦の演出にポップシンガーの楽曲をうまく使うなどしています。

わたしが不思議でならないのは、政権に批判的なことを言うと「政治的」と批判され、政権に親和的なことをしたら「政治的」とは言われないことです。

日本の政権もポップカルチャーを非常に巧みに利用しました。天皇即位二〇周年記念の国民祝典ではＥＸＩＬＥにパフォーマンスさせましたし、二〇一九年には参議院議員選挙を見越して、若いアーティストたちを起用した動画（#自民党２０１９「新時代」篇 https://www.youtube.com/watch?v=ph_VWfjNA5c）を配信したりしています。一流のプロデューサーを使ってキレのよい映像を作りましたが、あの若者たちと同じ画面に突然登場する安倍首相はいかにも違和感がありました。あれはアーティストの政治利用にはならないのでしょうか。そして出演者たちはそれに自覚的なのでしょうか。ギャラとチャンスがあれば何でもやるということなら、ポップカルチャーも権力の僕《しもべ》になったということでしょう。メディアが問題にしないのも不思議です。

一方、一般の人にとっては遠い世界で関係がないと思われている日本学術会議や「あいトリ」の現代アートの問題が広く世の中に知られたのは、メディアが事件として大きく取り上げたからです。逆に言えば、事件にならなければ、人々が学術やアートの世界の自由が危機にさらされていることに注目することはなかったでしょう。

この構図は、二〇〇〇年代のバックラッシュの嵐に強い危機感を持ったわたしたちが、女性のための総合ポータルサイト、WAN（Women's Action Network ウィメンズアクションネットワーク）を設立したことと重なります。WANが生まれるきっかけとなったのは、橋下徹大阪府知事が誕生して、ただちに大阪府立女性総合センター（現大阪府立男女共同参画・青少年センター、愛称ドーンセンター）の売却案を提示したことでした。コーナー際に追いつめられて、強い危機感を持った女たちが、背水の陣でネットの世界に乗り出したのが、WANです。ですから、わたしたちは「橋下徹氏はWANの産婆役を果たした」と思っています。当時はバックラッシュの最中で、右派の方がネット利用においては先んじており、「フェミニズム」と検索語を入れると「フェミナチ」というバックラッシュ派のサイトがトップに来るような時代でした。Web上に分野や地域や世代を超えた女の運動の拠点をつくることができたのは、ネットという新しい情報ツールが利用可能だったからですし、同時にネットの世界で情報発信しなければフェミニズムに生き延びる道がないと思ったからです。

声を上げる若い世代

3・11以後、国会前のデモをはじめとする路上アクティビズムが顕在化し、若い人たちが「おかしいことは、おかしい」と声を上げるようになりました。彼らのアクションに、デモ経験のある六〇年・七〇年安保を経験した世代が合流しましたが、その中間の世代がすっぽり脱《ぬ》けていました。これはつまり、政治的シニシズムにどっぷりと浸ってきたその世代との断絶があったということです。

この傾向は、特にフェミニズムでは明らかです。たとえば、団塊ジュニア世代の女性たちは、フェミニストがたたかれてスティグマ化されたのを目の前で見ていましたから、「男を敵に回すとろくなことにならない」と、理不尽なことがあっても黙って忖度してきたのでしょう。けれども今、過去のフェミニストバッシングを知らない若い世代が登場し、「こんな不当なことがあっていいわけがない」と抗議の声を上げました。わたしはそこに希望を見ています。

なぜ彼女たちのような世代が育ったかというと、理由はいくつかあると思います。一つは、この二〇年間でメディアの中に女性が増え、女性の視点からの情報が発信されるようになったこと、もう一つは、ネットによって海外の情報に接する機会が多くなったことです。何十年も活動してきた身としては悲しいことですが、若者たちにとって、エマ・ワトソンのスピーチや#ＭｅＴｏｏ運動、それから『82年生まれ、キム・ジヨン』といった韓国の小説がフェミニズムを知るきっかけになっています。その背景には少子化があります。娘しかいない家庭で、息子並みに親の期待を受けて育ってくる女の子たちが増えてきました。

ＳＮＳはクソリプなどネガティブな影響もありますが、署名サイトで二〇代の女性が声を上げたら何十万筆もの署名が集まるなど、オンラインアクティビズムに参加するハードルは低くなりました。「保育園落ちた日本死ね!!!」のブログで待機児童問題が政治課題化したこと、検察庁法改正案が一人の女性が始めたＳＮＳの投稿が反響を呼んで押し戻されたこと、森喜朗東京オリンピック・パラリンピック競技大会組織委員会会長が辞任に追い込まれたこと、これらすべてが成功体験となって、若い世代の経験値が蓄積されてきています。

「おかしいことは、おかしい」と言えば通る。この成功体験は大きいとわたしは思います。「自由の危機」が必ずしも悲観的な状況を生むわけではなく、それに対抗するアクションを起こすことで、時代はポジティブな方向へと動き出しているとも言えるのです。検察庁のトップ人事などほとんどの人には関係ないことでしたし、東京オリンピック・パラリンピック組織委のトップが誰になろうが、自分の生活には影響しないでしょう。地方の芸術祭にすぎなかった「あいトリ」は右翼の攻撃によって注目を集めたことで、かつてない動員を可能にしました。それに日本学術会議だって、会員任命拒否の問題が起きなければ、多くの人たちは存在すら知らなかったでしょう。政権による人事介入を奇貨として、学術会議という組織のプレゼンスが高まり、学問の自由への危機感から、多くの人たちが自分の足元の「自由の危機」を感じとってくだされば、逆説的に効果があったと言えるのではないでしょうか。

「自由」に必要なのは、対話と応答に対する信頼

小熊英二

Oguma Eiji

歴史社会学者、慶應義塾大学総合政策学部教授。東京生まれ。東京大学農学部卒業。出版社勤務を経て、東京大学大学院総合文化研究科国際社会科学専攻博士課程修了。著書に『単一民族神話の起源――〈日本人〉の自画像の系譜』『〈日本人〉の境界――沖縄・アイヌ・台湾・朝鮮 植民地支配から復帰運動まで』『〈民主〉と〈愛国〉――戦後日本のナショナリズムと公共性』『1968』『社会を変えるには』『生きて帰ってきた男――ある日本兵の戦争と戦後』『日本社会のしくみ――雇用・教育・福祉の歴史社会学』、編著に『在日一世の記憶』『在日二世の記憶』などがある。

政府に対する信頼感を低下させた日本学術会議問題

菅政権が行った日本学術会議会員の任命拒否は、「学問の自由」の問題に限定されない、もっと広い、権力と人権の問題だと捉えています。おそらく菅政権は、政府内部や官庁の人事などで行っていることを、法律的な裏付けが異なる学術会議に対してもやってしまっ

た。その意味で「雑な行為」という印象があります。

本来、政府とは主権者である国民から一時的に統治の権限を預かっているにすぎません。そして、国民から選ばれた人たちがたまたま統治の役割を担っている。そうである以上、政府は、あたかも自分の身についたものであるかのように、気まぐれや利害関係で権力を使ってはいけない、ということになります。もし政府から不利な扱いを受けた人がいれば、まず政府の行為が正当だったのかどうかを確認するために、政府は情報公開し、その行為の過程と理由を明らかにすることが必要です。そして実際にそれが不当だったなら、国民はそのような権力の行使の仕方に対して抗議することができるし、それでも正されない場合は、その政府は主権者から権力を預かったさいの契約に反したことになりますから、統治の役割から降りてもらう。これが「社会契約論」の考え方です。

短期的には、菅政権が任命拒否の理由を説明せずにやり過ごすことは可能でしょう。しかし中長期的に考えると、その影響は、間接的には支持率低下という形になって表れることになると思います。「理由を明らかにせずノーと言う」「抗議に耳を貸さない」といった姿勢を取り続けていくことによって、「この政権は何を言っても聞かない政権だ」「自分が何か言ったり、困ったりしていても振り向いてくれない政権だ」という感覚が醸成されれば、人々の政府に対する信頼感は間違いなく落ちていきます。

「学問」は「社会にとって不可欠な一部」

一方、学術会議の問題について、学者たちからはいち早く抗議の声が上がったのに対し、少なからぬ人々が、「これは学者団体の話であって、それ以外の人たちには関係ない」という反応をしていました。これは、学術会議に起こったことが社会全体の問題として考えられていないということだと思います。

これには二つの次元の問題があると考えています。一つは社会的想像力や人権感覚の次元で、「学術会議に起こったことを許してしまうと自分もいずれそういう目に遭うかもしれない」という懸念が喚起されるか否か。もう一つは、そもそも学問は何のためにあるのか、学問や言論の自由というのはどうして保障されなければならないのか、に対する理解です。前者はあまり説明を要しないでしょうから、後者について述べましょう。

私たちは皆、社会の中でそれぞれ役回りを持って生きています。社会を人体にたとえるならば、脳だけで人体は成り立たない。また、一見何の役に立っているのかわからないような臓器も存在することで全体が成立している。社会においても、働く人、統治する人、学問をする人、芸術家、宗教家などが、それぞれの役回りを担って、全体を構成しています。また一人の人間も、働く時間、考える時間、人生を設計する時間などが、複数あわさって存在しています。

つまり学問を担う人々というのは、社会の中でそれほど大きな部分ではないかもしれないけれど、統治を担う政府や、経済活動を担う企業などと同じく、社会にとって欠かせないものなのです。同じく、芸術家や宗教家も、社会にとって欠かせない。

ところが、それぞれが欠かせない役回りを担って社会が成り立っているという感覚を持つことは、このグローバル化の時代において難しくなっています。なぜなら、コミュニケーション技術や交通技術の発達によって社会の範囲が広がり、分業化が非常に進んだことで、それぞれの人が果たしている役回りが見えにくくなっているからです。たとえば数十人単位の集落で分業している範囲であれば、誰がどんなことを担っているかはわかりやすいでしょう。しかし世界規模で非常に細かい分業が進むと、そうした分担はなかなか見えてきません。

そのため、どんな役回りも社会を形作るために大切なのだという認識が欠如しがちになります。これは日本だけではなく世界的なトレンドと言えます。そうなると、社会の中で、自分とは違う役割を担っている人々に対して無関心になったり、軽蔑的な姿勢を取ったりすることになりやすい。これが、格差に無関心になったり、いわゆる「反知性主義」の台頭という形で表れたりするわけです。

「学問の自由」はなぜ必要なのか

学問が社会に欠かせない役割を担っているとなると、「言論の自由」や「学問の自由」を保障することが重要になります。それは「『学問の自由』があれば科学技術が進んでGDPが増える」といった話だけではありません。

「学問の自由」「言論の自由」は、意見の多様性を保障することです。真理というものは、多数決では決まらない。たとえ九九万九九九九人が気づかなくても、一人が気づいたことが非常に重要な意味を持つことがある。たとえば中国の武漢で新型コロナウイルスの感染者が出た時に、一人の医師が告発をしました。彼は自分も感染して亡くなってしまいましたが、そんなふうに、たった一人でも気づく人がいるということが、社会にとって大切なのです。

そして、そうした一人の気づきが社会全体にとって有効になるためには、「言論の自由」「学問の自由」「表現の自由」が必要です。「自由」についてこういう位置づけをしたのはジョン・スチュアート・ミルですが、その前提となっているのは、社会というものが存在すること、その中に意見の多様性と対話の可能性があることによって社会全体が進歩するというものです。もし多数決で決めるのだけが正しいのであれば、意見の多様性も、学問や言論の自由も、必要ないということになるでしょう。

「応答」と「社会」

このように考えてくると、「学問の自由」や「言論の自由」には、対話と応答に対する信頼が必要だということになります。何か優れた知見を持っている者がそれを公開しないで独占していても、社会の発展につながらない。またそれを発信しても、誰からも応答がなく、対話も進まないのであれば、やはり社会の発展はありません。

ところが、そういう信頼が持てない人が多い社会だと、「学問の自由」や「言論の自由」は空洞化します。たとえば自分が困っていたり、不当だと思って声を上げたりした時に、何らかの形で応えてもらえるという信頼が持てない人が多い社会では、どうなるでしょうか。そういう社会では、「学問の自由」とか「言論の自由」とかは、ただの「きれいごと」とみなされるか、特権的な身分にいる人がぜいたくを言っている、としかみなされないでしょう。

こう考えると、「学問の自由」が尊重されるためには、その社会で人権が尊重されていなければいけないことがわかります。自分が苦しい時に声を上げれば、誰かから答えてもらえるという信頼が持てているのは、人間として正常な在り方です。人権とはヒューマンライツ、つまり人間として正しい、正常な在り方のことです。そういう状態が成り立っていないことを、人権が守られていないという。

自分自身がいつも不当な扱いを受けていて、世の中とはそういうものだと思っている人は、「自分にも人権なんかないんだから、他の人に人権がなくても当たり前だ」と考えるでしょう。権力者が学術会議の人事を勝手に決めたとしても、ふだんから会社や学校で、権力者に運命を左右されるのが当然だと考えている人が多い社会では、そんなことは当然だ、とみなされてしまうでしょう。それに抗議をするような人は、ぜいたくを言っているか、特権的な身分の人だとみなされるかもしれません。

そういう状態にならないためには、「自分の人権が守られている」という自覚がある人が増えることが大切です。自分が不当な処遇を受けたら、抗議して声を上げるのが当然だ。そうしたら、必ず応答してもらえるのが当然だ。そういう自覚が持てているのが「人間として正しい在り方」、つまりヒューマンライツが守られている状態です。

またそういう状態の社会は、社会全体としての一体感があります。他人の人権が侵されたら許さない社会であり、他人の声に必ず応答する社会だからです。そういう社会では、学問や芸術が社会の重要な一部であるということも認識して、「学問の自由」や「表現の自由」も尊重されるでしょう。

学者は「既得権」を守っているだけなのか

ただ、日本に限らず、世界中のどこでも、そこまでの状態に到達している国はありません。いわゆる圧政国家はもちろん、先進国と呼ばれている国であっても、たとえば移民で市民権がない人の人権が守られているとは必ずしも言えないでしょう。そういう状態になれば分断が生まれ、社会全体がおかしくなるということを私たちは経験的に知っています。

くりかえしになりますが、自分にとって人権がないのが当たり前の状態で、そもそも人権が尊重されているというのがどういう状態なのかを経験したことがない人が多い社会では、人権を守ろうと抗議の声を上げるのは、むしろ疎ましく見えるかもしれません。自分たちは誰からも振り向いてもらえないのに、抗議声明を出せば報道されるような人たちは特権層だ、という意識も生じやすいでしょう。日本の労働組合が信用されないのは、中小企業の社員や非正規労働者など、労働組合でカバーされない人たちのことにあまり関心がないからだとよく言われますが、それと同じことだと思います。

私は学術会議の問題を、「学問の自由」の問題としてだけ語るのでは不十分だと思っています。それよりは、社会全体で人権が守られているか、「学問の自由」や「表現の自由」の意味が理解されているか、といった問題として考えるべきだと思います。そういう基本的人権の問題として考えなければ、学術会議という一つの団体の問題として、いずれ忘れられていくでしょう。

いま私たち一人ひとりにできることがあるとすれば、具体的には、近くにいる誰かが何か困っていれば聞く耳を持ち、応答をし、想像力を巡らせることです。こういった応答によって、社会全体に信頼感が醸成されることが、人権を守る土台になる。まずは、そこからはじめてみるといいのではないかと思います。

守るべきは自由

山崎雅弘

Yamazaki Masahiro

戦史・紛争史研究家。大阪府生まれ。『歴史戦と思想戦――歴史問題の読み解き方』では、南京虐殺や慰安婦問題などに関する歴史修正主義の思考形態やトリックを解き明かし、注目を浴びる。このほか、『日本会議――戦前回帰への情念』『「天皇機関説」事件』『1937年の日本人――なぜ日本は戦争への坂道を歩んでいったのか』『［増補版］戦前回帰――「大日本病」の再発』『沈黙の子どもたち――軍はなぜ市民を大量殺害したか』などがある。

自由のすばらしさを教わらない日本の子どもたち

読者から初めて著書にサインを求められた時以来、私はいつも、決まった言葉を添えています。

その言葉とは、「守るべきは自由」。

自分と自分の住む社会が守るべきだと思うものは、ほかにもいくつかあります。

戦争の対極としての平和、一人ひとりの権利が尊重される民主主義など。

ですが、それらの土台にあるのは、人間の思考や発言、表現、行動などを理不尽に制限されないという意味での「自由」だと私は考えています。

一〇年前の二〇一一年と、現在の二〇二一年を比べると、日本では明らかに、この「自由」のサイズが社会の中で小さくなったように思います。

例えば、国際的なジャーナリストの非政府組織「国境なき記者団」が、さまざまな観点から各国の「報道の自由度」を評価するランキングにおいて、日本は二〇一〇年には世界で一一位と評価されていましたが、二〇一三年には五三位、二〇一六年には七二位に転落し、二〇二〇年の順位も一八〇ヵ国（／地域）中の六六位という、一〇年前と比べると大きく下がった順位に留まっています。

ちなみに、政権与党が民主党から自民党に切り替わったのは、二〇一二年の一二月でした（第二次安倍政権の発足）。

この「報道の自由度」ランキングにおける日本の順位の急落は、日本国内ではあまり話題になっていません。「報道の自由」が失われれば、自分の生活にも大きなマイナスになると理解している人が、日本では少数派であるように見えます。「報道の自由」とは報道の仕事をする人だけに関係のある話だ、と勘違いしているのかもしれません。

同様に、「言論の自由」や「表現の自由」「学問の自由」などについても、ごく限られた人にだけ関係のある話だと理解して、自分の生活を取り巻くさまざまな権利につながる話だとは思わない人が、おそらくいまの日本では多数派でしょう。

なぜそんな風潮になるのかは、この一〇年、二〇年、あるいはそれ以上の期間における、日本の学校教育を見れば明らかだと思います。

ヨーロッパなどの民主主義国では、小学校から、いろんな分野での「自由」の価値と、それを守らないといけない理由について、当事者意識と共に子どもに教えています。しかし、日本の学校では一部の例外を除き、子どもが自分の生活に大きく関わる身近な問題として「自由」の価値を学べるような教育制度にはなっていません。

むしろ、子どもの「自由」を不必要に制限する「校則」への服従を強制して、あたかも「自由」という概念が「自分勝手」や「わがまま」であるかのような、マイナスの観点を植えつける教育が一般的であろうと思います。そんな学校で教育を受けた子どもは、「自由」のすばらしさを知らず、それを守るべき理由も理解できないまま成長します。

「自由」よりも「秩序」が優先される日本社会

日本の学校で「自由」よりも優先されるのは、「秩序」です。集団の中で、行儀良く整列し、行儀良く先生の言うことに従い、行儀良く振る舞うことを子どもに求めます。

そんな教育を受けて育った子どもたちが、成長して大人になった時、自分の権利としての「自由」を意識したり、「自由」が失われそうになった時に本気で闘って守ろうとするでしょうか。おそらく、多くの日本人は、子どもの頃から「秩序」こそが大事な概念で、「自由」とは「秩序を乱さない範囲で許されるもの」という価値観を、ほとんど無意識のうちに、思考に刷り込まれているのでしょう。

だから、社会の中で特定の「自由」が失われそうになっても、ほかの民主主義国のように何十万人という人が路上に出て抗議デモをすることはありません。それどころか、特定の「自由」を守るためのデモに参加する人を、道路の占有などを理由に「身勝手な連中」や「迷惑行為」と見なして攻撃するような言説も、ネット上では珍しくありません。

こうした、「自由」を守るためのデモを「身勝手」や「迷惑」と見なす考え方も、「自由」より「秩序」を上位に置く教育がもたらした結果の一つだと言えます。そこで守られる「秩序」とは、集団の構成員全体が統制された状態のことであり、自分はこうしたい、という「自由」を求める行動は「秩序を乱す身勝手な行動」と見なされます。

日本の学校で、「自由」よりも「秩序」を重視する教育がなされてきた大きな理由の一つは、教師にとって、その方が都合がいいからだと思います。それぞれ違う方向で「自由」を求める一人ひとりの生徒に対処するのは大変ですが、集団全体がきちんと統制された状態に子どもを押し込めることができれば、教師の「管理コスト」は最小化されます。

そして、「自由」よりも「秩序」を優先する思考に適応した子どもは、大人になって社会に出た時、彼ら彼女らを「管理する側」である、政府や企業の上位者にとっても、扱いやすい存在となります。集団全体がきちんと統制された状態に人間を押し込めることができれば、政府や企業の上位者の「管理コスト」は最小化されるからです。

つまり、日本では、学校だけでなく社会全体が、表向きの建前とは裏腹に、一人ひとりの人間の「自由」よりも集団全体の「秩序」を優先する価値観を、暗黙のうちに共有しています。中にはそうでない人や集団もありますが、全体の中では少数派でしょう。集団全体の「秩序」を守るためならば、一人ひとりの人間の「自由」が制限されてもやむを得ない。これは一般に「全体主義（ファシズム）」と呼ばれる価値観です。

ファシズムという言葉を見て、ヒトラーのナチスドイツを連想する人が多いかもしれませんが、元々はイタリアで始まった政治運動で、「ファッショ」は束あるいは集団の結束を意味し、その語源である「ファスケス」は古代ローマで結束のシンボルとして使われた、斧《おの》の周囲に木の束を巻き付けて折れにくくした物を指す名称です。

集団全体の「秩序」を守ることが、社会全体の「結束」を高めることにつながり、それによって国家がより強くなる。先の戦争中、ムッソリーニを指導者とするイタリアは、同じような価値観を共有するナチスドイツ・大日本帝国と「三国同盟」を結び、一緒に戦いました。この三国は、国民の「自由」より「秩序」を優先する面で一致していました。

なぜ人間は自発的に「自由」を手放してしまうのか

日本の社会で、「自由」よりも「秩序」を重視する価値観が根強い理由は、先に挙げた教育だけが原因ではないようにも思います。

社会の「建前」では、人は誰でも「自由」を望むものだ、ということになっています。けれども実際の世の中には、自分が持つ「自由」を少しでも大きくしたいと思う人と、そうでない人の、二種類の人が存在しています。

そうでない人、というのは、例えば、一人ひとりが「自由」に生きるよりも、大きな集団の「秩序」に身を委ねた方が自分にとって心地いい、と思う人のことです。

第二次世界大戦の最中、ナチスドイツの迫害を逃れてアメリカに亡命した、ユダヤ系ドイツ人の心理学者エーリッヒ・フロムは、一九四一年に上梓した『自由からの逃走』という著書の中で、当時のドイツ人がなぜ、人々の「自由」を国家に献上させるヒトラーの政治体制をあれほど熱狂的に支持したのか、なぜ自分の持つ「自由」をいとも簡単に捨ててしまったのかについて、人間の心理を掘り下げる形で分析しています。

彼の分析によれば、人々が「自由」を捨てて「全体の秩序」を選んだ大きな理由は、孤独感からの解放でした。第一次世界大戦でドイツ帝国が敗北し、ドイツ国民は皇帝を頂点とする窮屈な国家体制から解放されて「自由」になりました。人々は、しばらくの間、その「自由」を謳歌しました。しかし、一人ひとりの人間が、何をしてもいい、という「自由」は、人々の心から「大きな集団に帰属している」という一体感や安心感を取り去って孤独感を味わわせるという、マイナスの効果ももたらしました。

そんな中で、経済恐慌などが起きて生活が危機に直面し、将来の見通しが立たなくなると、ドイツの人々は不安を解消する手段として、もう一度「大きな集団に帰属している」という一体感や安心感を得たいと思うようになりました。その結果、国民から「自由」を取り上げる代わりに「大きな集団に帰属している」という一体感や安心感を国民に与えてくれる、ナチ党（国家社会主義ドイツ労働者党）が絶大な支持を集めたのでした。

この成り行きを見て、どこかで似た話があったな、と思われませんか？

一〇年前の二〇一一年三月一一日、東日本大震災と福島第一原発事故が起き、日本国民は将来の見通しや、技術大国としての自信を失い、不安な心境が社会に広まりました。その時、ＮＨＫなどのメディアが盛んに用いたのが「絆《きずな》」という言葉でした。

この「絆」とは、実質的には「大きな集団に帰属している」という一体感や安心感を指す言葉でもあります。孤独感から逃れ、自分は一人ではないのだ、大きな集団の一部なのだ、と思わせてくれる「絆」のイメージは、日本人の心理を「自由」より「秩序」を重んじる方向へと、少しずつ変えていったように思えます。

「自由」を手放した後に待っている道

ここで改めて日本人が思い出さないといけないのは、日本が過去に「自由」よりも「秩序」を優先する道に進んだ時、最後にどんな結果へ行き着いたかという歴史です。

集団全体が、一糸乱れず足並みを揃《そろ》えて、同じ行動をとって、同じ方向へと進む。

こうした光景は、一見すると、集団全体の持つ力が高まったような印象を受けます。

けれども、国民が持つ「自由」よりも「秩序」を優先する道は、次に「人の生活」よりも「秩序」を優先する段階に入り、やがて「人の命」よりも「秩序」を優先する段階へと進んでいきました。国民が「自由」を手放すことは、その先にある「人の生活」や「人の命」をも手放すことにつながる。これが、昭和期の大日本帝国やナチスドイツの歴史が我々に教えている、重要な教訓です。

昭和期の大日本帝国やナチスドイツは、自国民が「言論の自由」や「学問の自由」を持つことを許さず、国家の指導部が正しいと見なした言論や学問だけを、国民に許す方針をとりました。その結果、国全体が間違った方向へと少しずつ進み始めても、それを軌道修正する動きがほとんど生じず、そのまま破滅へと直進していきました。

軌道修正する動きというのは、例えば普通の市民が「我々の国は道を外れているのではないか」という疑問を口にしたり、学者が専門的見地から「このままいまの針路をとれば、やがて国は危機的な事態に陥る可能性がある」と警鐘を鳴らしたりする行為です。

一九三七年七月に日中戦争が始まると、近衛《このえ》首相は当時の政界と財界、そして大手メディア（新聞各紙と通信社、NHKラジオ）の幹部を首相官邸に招いて「懇談会」を開き、中国への武力行使という政府の方針に協力するよう要請しました。これを受けて、新聞もNHKラジオも通信社も「報道の自由」を自ら捨てて、政府の発表をそのまま無批判に報じたり、政府にとって都合の悪い事実を報じずに済ませたりするようになりました。

しかし、日中戦争が勃発してから数ヵ月の間は、首相の懇談会に幹部が招かれなかった雑誌の一部に、政府と軍の方針に疑問を差し挟む内容の記事が掲載されていました。

例えば、論壇誌の一つ「文藝春秋」一九三七年一〇月号では、評論家の杉山平助が「戦争とヂヤアナリズム（ジャーナリズム）」という記事で、戦時においてジャーナリズムが担うべき役割と「批評の自由」が必要な理由について、率直に意見を表明していました。

「現実においては、指導者の判断力のみが、常に絶対に誤りがないとは保証されがたい。（中略）指導者側に、重大な誤謬《ごびゅう》が犯された時に、ジャーナリズムはこれを批判すべき義務がある。それは国家の大局から見ての義務である。

しかるに、ジャーナリズムの批評の自由を極端に拘束せられると、誤謬は誤謬のままに進行して、重大な結果を招かないとも限らない」

「自由を守ること」は「生活や命を守ること」

その後、日本がどんな方向へと進んだかは、皆さんご存じの通りです。一九四一年一二月に、日中戦争が太平洋戦争へと拡大した後も、日本には「報道や批評の自由」が事実上ありませんでしたが、それは政府にとっても国民にとっても大きなマイナスでした。

この歴史が示すように、「自由」とは集団全体の利益に反するものではなく、むしろ長期的に見れば、集団全体の安全と安定性を保つために必要なブレーキやバランサーの役割を果たすこともある、重要な「力」です。

ところが、日本ではそうした「力」の認識がこの一〇年で以前よりもさらに軽視され、「言論の自由」や「学問の自由」が少しずつ失われていく状況にも、さほどの危機感を抱かない国民が多数派であるように見えます。

学校で、「自由」の価値やすばらしさ、おかしいと思った時に自分一人であっても「おかしい」と口にする勇気を教える教育をしてこなかったツケが、長い時間をかけて大量に積み重なった結果、「自由」よりも「秩序」を当たり前のように優先順位の上位に置く社会が、強固な形で構築されてしまったようです。

集団全体の「秩序」を優先する思考とは、集団の上位者である政府や上司の言うことに逆らわず、ひたすら従うことを良しとする考え方です。上位者の判断に異を唱えたり、間違いを指摘する行為は、集団全体の「秩序」を乱す悪事と見なされるからです。

社会を見渡してみれば、そのような光景が、あちこちで生じていることがわかると思います。「自由」よりも「秩序」を優先順位の上位に置く流れが加速すると、もう誰にもその流れを止めることはできなくなります。かつての日本がそうであったように。

そんな流れを止められるのは、まだ流れの勢いが弱いうちだけです。

また、「自由」を軽視する社会とは、そこに生きる人や生き方の「多様性」をも軽視する、あるいは認めない社会を意味します。いろんなタイプの人が、いろんな生き方を選択できる社会を目指すというのが、いまの世界の趨勢《すうせい》であるように思いますが、社会や文化に関わる性別（ジェンダー）の問題も含め、日本の社会は「多様性」に不寛容で、それを認めれば「家族の絆」などの「秩序」が乱れるという主張もよく見かけます。

失ってからその価値に気づかされるものは、世の中に数多く存在しますが、その中でも特に重要なのは「自由」です。いまを生きる我々は、八〇年前の日本人が知らなかった、国民が「自由」を手放す道の行き着いた先を知っています。

守るべきは「自由」。その行為は、人の生活や人の命を守ることでもあるのです。

「自由な社会」を先に進める

苫野一徳

Tomano Ittoku

哲学者・教育学者。熊本大学教育学部准教授。兵庫県生まれ。早稲田大学大学院教育学研究科博士課程修了。博士（教育学）。著書に『どのような教育が「よい」教育か』『勉強するのは何のため？――僕らの「答え」のつくり方』『教育の力』『子どもの頃から哲学者――世界一おもしろい、哲学を使った「絶望からの脱出」！』『はじめての哲学的思考』『ほんとうの道徳』『愛』など多数。

「自由」は人間にとって最上の価値である

近代ヨーロッパの哲学者たちは、長く、「自由」を人間における最上の価値だと考えてきた。一万年以上もの間、「万人の万人に対する戦争」（トマス・ホッブズ）や、過酷な「支配―被支配社会」の中で生きるしかなかった人類にとって、生命の安全は言うまでもなく、個人の尊厳、すなわち生き方や思想信条の「自由」は、何としてもつかみ取りたいものだったのだ。

しかしいま、政治的自由も生き方の自由も、当時とは比較にならないほど手にしたわたしたちは、いつしか「自由」の価値をさほど自覚的には感じなくなってしまった。むしろわたしたちは、現代社会において「自由であることの苦しみ」（アクセル・ホネット）にさえ苛《さいな》まれていると言っていい。

「どのように生きてもあなたの自由だ」と言われる。しかしだからこそ、わたしたちは、ではどう生きればよいのか悩み迷うことになる。それればかりではない。苛烈な自由競争社会の中で、わたしたちの多くは、むしろ「自由」の中に投げ入れられることの苦しみを味わっている。成功も失敗も、あなたの「自由」な生き方の結果である。多くの人が、そんな自己責任を突きつけてくる社会の中で生きることを余儀なくされている。

「自由」への道は、長いトンネルのようだ。トンネルの先と手前とでは、見える景色が全く違う。

いまだ政治的「自由」さえ手にしていない社会においては、人びとは生き方の「自由」を希求している。

他方、すでに「自由」を手に入れた多くの先進国の人びとが抱えているのは、むしろ「自由であることの苦しみ」だ。「自由」であるからこそ感じる不自由、これが、現代のわたしたちに「自由」の価値を見失わせる最大の理由になっているのだ。

しかしいまこそ、わたしは改めて言いたいと思う。

「自由」は人間における最上の価値である。

以下ではそのことを論証したいと思うが、もしこのことが忘れられてしまったとしたら、わたしたちの「自由」は、薄皮が一枚一枚剝がされていくように、気がつけばほとんどなくなってしまっていたということにもなりかねない。

本企画の発端となった、日本学術会議の新会員六名の任命拒否問題について、当初、菅義偉首相はあれほどの騒ぎになることを予想していただろうか。もし予想していなかったとすれば、その背景には、「学問の自由」を、ひいては「自由」を軽視する世間の空気を、いくらか感じ取っていたこともあるのではないか。

杞憂であることを願うが、もし、社会の中にそのような「自由」軽視の空気が少しでもあったとしたなら、わたしたちは改めて、なぜ「自由」こそが人間における最上の価値であるのか、明らかにしなければならない。

人間的欲望の本質は「自由」である

人類の数万年におよぶ戦争の歴史は、つまるところ「自由」をめぐる戦いである。

そう言ったのは、一九世紀ドイツの哲学者G・W・F・ヘーゲルである。

飢えや渇き、恐怖、自尊心、信仰など、戦争が起こる理由はむろんさまざまにある。しかしその最も根本には、わたしたち人類の「生きたいように生きたい」という「自由」への欲望がある。そうヘーゲルは喝破した。

だからこそ、人類はこれまで、戦争に敗れて支配されたり奴隷にされたりしても、長い目で見れば必ず「自由」のために戦ってきたのだ。そのことで、たとえ命を失うことがあったとしても。そしてそれゆえにこそ、人類はこれまで、何万年にもわたって戦争をなくすことができずにきたのだ。

この「自由をめぐる戦争」を、わたしたちはどうすれば終わらせることができるだろうか？

これは哲学における最も重要な問いの一つであったが、長い思想のリレーの末に見出《みいだ》されたその〝答え〟については、後で論じることにしたいと思う。


その前に、ここではまず、「自由」こそが人間にとっての最上の価値であるという、先に述べたテーゼについて明らかにしておこう。

なぜ、わたしたちはそのように言い切ることができるのだろうか？

これについても、ヘーゲルのすぐれた洞察がある。

ヘーゲルは、人間精神の本質、言い換えれば人間的欲望の本質は「自由」であることを、きわめて鮮やかに描いてみせた。その論旨を、わたしなりに簡明に言い直すと次のようになる。

まず、わたしたちはさまざまな欲望を持ち、それを自覚している存在である。

動物も、むろん欲望（本能）を持ってはいるだろうが、それを十分自覚しているようには見えない。彼らはおそらく、かなりの程度、その欲望（本能）のままに生きているだけだ。

しかし人間は、複数の複雑な欲望を持ち、しかもそれを自覚している存在である。少なくとも、自らの欲望を自覚しうる存在である。

それはつまり、わたしたちはこの欲望それ自体によって、つねに規定され――制限され――それゆえたえず何らかの不自由を自覚しているということである。

愛されたい、裕福になりたい、名声を得たい、認められたい、幸せになりたい……こうした人間的欲望は、わたしたちに否応なく〝不自由〟感を味わわせる。愛されたい、でも愛されない。認められたい、でも認められない……。わたしたちは、自らが欲望（を自覚した）存在であるがゆえにこそ、つねにすでに不自由を感じずにはいられないのだ。

さらに言えば、これら複数の欲望は、しばしば互いに衝突する。人に好かれたい、でも自分を曲げたくはない。裕福になりたい、でも努力はしたくない……。複数性を持つ人間的欲望は、まさにそれ自体が、わたしたちを規定する――制限する――決定的な規定性なのである。

したがってヘーゲルは言う。このように、わたしたちが欲望存在であるというそのことのゆえに、わたしたちは必ず「自由」を欲するのだと。これら諸欲望を、達成するにせよ、あるいはなだめるにせよ、わたしたちは何らかの形で「自由」になりたいと必ず欲しているのだと。わたしたちが欲望存在であるというそのこと自体が、人間的欲望の本質が「自由」であることを意味しているのだ。

では「自由」とはいったい何か？

これまでの考察から、「自由」の本質を次のように言うことができるであろう。すなわち、わたしたちを規定する――制限する――欲望を自覚しつつも、なおこの規定性（制限・限界）を何らかの仕方で克服し、そこから解放され、できるだけ納得して、さらにできるなら満足して、生きたいように生きられること、と。ヘーゲルの言葉を借りつつ概念化するなら、「諸規定性における選択・決定可能性の感度」。これが「自由」の本質なのだ。あるいは、二〇世紀の哲学者ハンナ・アーレントの秀逸な言い方を借りて、「自由」は「我欲する」と「我なしうる」との一致の感度が訪れる時、あるいはその可能性の感度が訪れる時に確信するものであると言ってもいいだろう。

さて、ここで注意が必要なのは、いまいみじくも「感度」という言葉を使ったように、

「自由」の本質は「感度」（感じることとその度合い）であって「状態」ではないということだ。わたしたちは、どのような「状態」が自由な「状態」であるかを一意的に決定することはできない。何をもって自由な状態とするかは、結局のところ人それぞれであるからだ。

裕福になったことで自由になったと思う人もいれば、裕福になったからこそ不自由になったと思う人もいるだろう。「職業選択の自由」があるから自由になれたと思う人もいれば、そのために、先述したように、どう生きればよいか分からないといった不自由を感じる人もいる。

つまりわたしたちは、何らかのあらかじめ決められた「自由な状態」に置かれた時ではなく、「ああ、いま自分は自由だ」という感度を得られている時にそれを「自由」であると確信するのだ。そしてその感度の本質こそ、「諸規定性における選択・決定可能性の感度」、換言すれば、「我欲する」と「我なしうる」の一致、あるいは一致の可能性の感度なのである。

以上を要するに、わたしたちはこう言ってしまってよいだろう。

人間的欲望はさまざまにある。愛されたい欲、自己実現欲、権力欲、幸福欲……。欲望の〝形態〟は、このように無数にある。しかしわたしたちは、これら諸形態すべてを貫く欲望の本質を、「自由」への欲望と言ってよいのだと。これらさまざまな形態を取る諸欲望の規定性を乗り越えることで、わたしたちは絶えず「自由」の感度を欲しているのだと。

以上が、人間的欲望の本質は「自由」であるということの意味である。

だれもが「自由」を欲する。人間にとって最上の価値は、まさに「自由」なのである。

「自由の相互承認」の原理

さて、ではこの最上の価値である「自由」を、わたしたちはどうすれば現実のものとすることができるだろうか。

ヘーゲルは言う。「生きたいように生きたい」という「自由」への欲望を抱えたわたしたちの前には、絶えず「他者」が立ちはだかっている。この「他者」は、わたしたちの「自由」を妨げる一つの決定的な「規定性」である。それゆえわたしたちは、自らの「自由」を実現するために、この他者からの「承認」を何らかの形で求めるほかないのだと。

歴史的に見れば、それはまず「承認のための生死を賭した戦い」の形を取るとヘーゲルは言う。

この戦いを通して、人類は主人と奴隷に分かれることになる。しかし先述した通り、たとえ命を失うことがあったとしても、これまで人類は、「自由」を奪われたならその「自由」を奪い返すために必ず戦ってきた。そしてそのために、人類は長らく戦争をなくすことができずにきたのだ。

ではわたしたちは、どうすれば「承認のための戦い」を終わらせ、自らの「自由」を十全に確保することができるだろうか？

その考え方は一つしかない。そうヘーゲルは言う。互いが互いに対等に「自由」な存在であることを認め合い、そのことを根本ルールとした社会を作ること。すなわち、「自由の相互承認」に基づく社会を築くことによって。

もしもわたしたちが、「自由」に、そして平和に生きたいと願うならば、その限りにおいて、わたしたちは「自由の相互承認」を根本ルールとした社会を作るほかに道はないのだ。

「社会契約」と「一般意志」

以上が、ヘーゲルや、その前世代の哲学者ジャン・ジャック・ルソーなどが、文字通り命がけで見出した「自由な社会」の根本原理である。

ちなみに、ルソーの唱えた「社会契約」とは、「自由」を求める人類が、社会の中にあってなお、「みんながみんなの中で自由になるための契約」のことである。その契約の内容は、ルソーによれば、この社会を「一般意志」、すなわち「みんなの意志を持ち寄って見出された、みんなの利益になる合意」にのみ基づいて作っていくこととなる。

これはヘーゲルの「自由の相互承認」の原理といささかも異なるものではない。近代ヨーロッパの哲学者たちは、長い戦争の歴史の果てに、わたしたちが「自由」で平和に生きられるためには、まずは互いを対等に「自由」な存在として承認し合い、その上で、互いの「自由」を調整しながら社会を作っていくほかに道はないことを見出したのだ。

以上から、わたしは改めて、「自由」は人間にとっての最上の価値であり、この価値を守るためには、「自由の相互承認」の原理に基づく「自由な社会」をめざし続けるほかに道はないことを主張したい。逆に言えば、もしも人間における「自由」の価値を軽んじることができるとするなら、それを試みる者は、以上の理路を根本からひっくり返すことができるのでなければならない。つまり、人間は「生きたいように生きたい」などとは欲していないということ、したがって、「自由の相互承認」の社会など必要ないことを。

念のため言っておくと、もし「だれかに支配されて生きたい」と思う人がいたとしても、それは人間的欲望の本質が「自由」であることの反証にはならない。なぜならその人は、そのような仕方で「生きたいように生きたい」と欲しているからだ。一見不自由な〝状態〟においてこそ、「自由」の〝感度〟を得られるものと考えているからだ。

しかしそのような支配―被支配社会が、本当にわたしたちが「自由」の感度を獲得しうる社会であるのかどうか、わたしたちは歴史をよく振り返って考える必要があるだろう。

それは支配者にとっても同様である。ルソーは『社会契約論』で、一見絶対的な支配者に見える王も、（裏切りの不安や権力簒奪《さんだつ》の恐れなど）じつは全くもって「自由」ではないことを強調した。ヘーゲルも、主人と奴隷の関係を描く中で、主人もまた、じつは奴隷の「承認」がなければ主人たり得ないことを克明に描き出している。

わたしたちが「自由」に生きられるためには、その相互承認の社会を築くほかに、やはり道はないはずなのだ。

「自由な社会」の駆動力としての「学問の自由」

さて、しかし冒頭で論じたように、今日、わたしたちの多くは「自由であることの苦しみ」に苛まれている。

「自由競争」の社会においては、人生における成功も失敗も、その人の「自由」な生き方の結果、つまり自己責任とされてしまいがちである。それゆえに、いま、人びとの間には「自由」の価値への疑念がいくらか渦巻いているようにも見える。

しかし、本来批判されるべきは、「自由」の価値それ自体ではなく、人びとの「自由」を奪うこの苛烈な自由競争社会のあり方であるはずなのだ。

民主主義の危機が叫ばれて久しいが、特に経済的不平等に対する不満がピークに達した時、人びとは、不満の矛先を見つけようと排外主義に陥ったり、それらの問題を一挙に解決してくれる、アーレントの言葉を借りれば〝強い男〟を求めてしまったりする傾向がある。「自由であることの苦しみ」の中で生きるくらいであれば、何もかもだれかに決めてもらいたい。支配してもらいたい。むしろ支配社会の方が楽なのではないか。わたしたちは時に、そう思ってしまうことがある。二一世紀の「自由からの逃走」（エーリッヒ・フロム）が、今日、そこかしこから噴き出そうとしているように見える。

しかし、政治的自由も生き方の自由も、言論の自由も学問の自由も、職業選択の自由も幸福を追求する自由もない、そんな絶対支配の社会に戻ることを、本当に欲する人などはたしているだろうか。

問題は、「自由な社会」の理念の中にあるのではない。この「自由な社会」の中で、多くの人が、いまなお、失敗したら二度と復活できないとか、貧困の連鎖などのためにそもそも「自由」に生きるためのスタートラインに立てないとかいった理由で、いまだ十分「自由」に生きられていないことにあるのだ。つまりわたしたちがめざすべきは、「自由」への疑念を抱いたり、あるいはこれに代わる理念を見出そうとあがいたりすることではなく、ルソーやヘーゲルらが構想した「自由の相互承認」の社会を先に進めることのほかにないのだ。

そうした「自由な社会」を作り出すには、各人がその意志を言論によって表明し続けるほかにない。またそのための学知を、互いに練り上げていくほかにない。

先述したように、「一般意志」とは「みんなの意志を持ち寄って見出された、みんなの利益になる合意」である。この「一般意志」は、どこかにあらかじめ転がっているようなものではなく、多種多様な関心を持った人びとが、互いに対話を重ねることで見出し合っていく、あるいは作り出し合っていくべきものである。

その際、学問はきわめて重要な役割を果たすことができる。市民としての学者たちは、「自由な社会」を、このような仕方でもっと先へ進めようではないかと、〝みんなの利益〟になるアイデアをつねにテーブルの上に置き続けることができるし、またその必要がある。そしてそれを、人びとの吟味へとさらし、対話や議論を重ねながら、いっそう強靭《きようじん》なアイデアへと鍛え上げていく必要があるのだ。

たとえばそれは、貧困の連鎖を断ち切るための制度の構想でもあるだろう。マイノリティの権利を、制度的にもっと保障するための研究もそうだろう。苛烈なグローバル資本主義をコントロールするための経済学の構想や、国際的な新たな「社会契約」のアイデアを考えることもそうだろう。

わたし自身は、哲学者であると同時に教育学者として、「自由の相互承認」の社会を最も底で支えるものとしての公教育のあり方を、具体的にさまざまな形で提案している。

たとえば、「自分たちの社会は自分たちで作る」が市民社会の鉄則である以上、学校もまた、子どもたちが、単に決められた（時に理不尽な）校則に従うだけでなく、「自分たちの学校は自分たちで作る」をたっぷりと経験できる場である必要がある。では、そのような学校づくりを、全国で実際に進めていくことはいかに可能か。そのための研究や実践を、多くの人たちと行っている。

また、近代の学校は、子どもたちが校種で分けられ、学年で分けられ、さらには障害のあるなしで分けられるなど、同質性の高いコミュニティとして設計されてきたが、そのことが、異なる他者との相互理解や相互承認の機会を著しく妨げてしまっている現状がある。これを、年齢や世代、障害のあるなしや文化の違いなどを超えて、多様性がもっとごちゃまぜになって学び合える「ごちゃまぜのラーニングセンター」へと発展させていくことはできないか。またそれはいかに可能か。そうした研究や実践も、さまざまな形で進めている。

これらはあくまでも一例だが、学問は、そして学者は、こうした研究や実践を通して、ささやかではあったとしても、「自由の相互承認」の実質化に貢献することができるし、またそうである必要がある。

「学問の自由」は、そのためにも、決して手放すことのできない市民の自由である。「自由な社会」をさらに成熟させていくための、それは最も重要な駆動力の一つなのである。

「自由」への渇望はあるか

高橋哲哉

Takahashi Tetsuya

哲学者。東京大学大学院総合文化研究科元教授。福島県生まれ。二〇世紀の西洋哲学を専門とし、戦後責任や歴史認識、「日の丸・君が代」問題にも積極的に発言。これまでに、『教育と国家』、共著『教育基本法「改正」を問う――愛国心・格差社会・憲法』『良心的「日の丸・君が代」拒否』などを上梓し、教育と政治・行政との関係について問題提起を続けてきた。主な著書に、『記憶のエチカ』『デリダ――脱構築』『戦後責任論』『反・哲学入門』『靖国問題』『犠牲のシステム――福島・沖縄』『沖縄の米軍基地――「県外移設」を考える』などがある。

学問の自由と市民社会

菅政権による日本学術会議への人事介入はどう考えても正当化し難いことです。実際、首相をはじめ政権側の説明はすべて破綻しており、説得力ある説明が全くできていないことが明白になっています。にもかかわらず、これが確定してしまうなら、今後の日本の思想・良心の自由、言論・表現の自由など「自由」の行方が怪しくなってきます。ところが、この問題については、菅政権に対する市民社会からの批判が弱い。むしろ、政府は学者という特権階級にメスを入れているのだという空気さえ広がっています。

ここには、二一世紀に入って顕著になってきた一種のポピュリズムが見てとれるでしょう。エスタブリッシュメントが利益・特権を享受していて、そのせいで自分たちは不遇なのだという意識が、今回、学者に向けられているとも考えられます。しかし、学問の自由あるいは大学の自由と市民社会は、本来、対立するものではないはずです。

単純に言って、私たちの学問の自由、ものごとを問い学ぶ自由の出発点は、文字を知るところから始まります。文字を知り、本を読み、知識を得て、考えていく。自分が生きている世界の真実を知りたいという渇望、それがあってこそ学び始める。学問の自由はそこから始まると言っていいでしょう。逆に、教師なり、教育機関なり、国家権力なりに、これが真理だ、おまえが学ぶべきことはこれしかないのだと決めつけられてしまったのでは、学問の自由とは言えません。

自分の疑問に従って自由に問い、自分の知識欲に従って自由に学ぶ権利としての学問の自由は、市民社会に生きる私たちの知への欲求の中に根拠があるはずです。大学の本来の基礎はそこにある。もともと大学とは、学ぶことを志す人々が教師のもとに学生として集まって形成された集団でした。実際、ヨーロッパの大学の起源はそういうものだったわけです。

その意味で、学問の自由にせよ大学の自由にせよ、一般市民の近づけない特権的なものであるどころか、逆に、市民社会における言論の自由や思想の自由とつながっているもので、それが侵されることはすなわち市民社会の自由の危機でもあるのです。

敗戦によって手に入れた「自由」

しかし、学問の自由が脅かされても、それに危機感を覚えない人が多い。どうしてでしょうか。

フランスの心理学者フランク・パヴロフによる『茶色の朝』(藤本一勇《かずいさ》訳、大月書店、二〇〇三年)という寓話《ぐうわ》があります。政府が茶色以外のものを少しずつ禁止していくのです。初めはペットの猫から始まり、次に犬も茶色でないと殺処分しなければならなくなりますが、でも主人公は大したことにはならないだろうと思っていた。ところが、この政策を批判するラジオ局も新聞社も取り締まられ、やがて、茶色に染まった街を茶色の自警団が歩き回り、ついには、ある朝、自分のところに自警団が踏み込んでくるという物語です。

このように、自由の圧迫は、最初は自分から遠いと思われるところから始まったとしても、油断していると、いつの間にか自分自身のところに来てしまう。ナチスの時代を振り返ってマーティン・ニーメラー牧師も似たようなことを言っていますが、これは歴史上、繰り返されてきたことなのです。

戦後日本では、思想・良心の自由、信教の自由、言論・表現の自由、学問の自由などが憲法に規定されています。しかし、私自身は基本的な認識として、果たして戦後、日本人が自由をどこまで大切なものと考えてきたのか、実は安心できないところがあります。

たしかに最初、国民は戦後憲法を歓迎して受け入れた。この憲法制定の背景には、米国占領下で日本政府が出した案（松本烝治《じょうじ》案）が、帝国憲法を少し変えた程度のきわめて保守的なものだったので、マッカーサー三原則に基づく考え方が反映されたという経緯があります。つまり、憲法によって保障された自由とは、事実上、敗戦によって手に入った自由でした。自由がどんどん奪われていった戦時中に、日本の民衆がそれに抗議して自由を要求し、それよって政権が倒れたりして新しい憲法になったのではないわけです。

自由は与えられるものなのか

作家・高見順の『敗戦日記』に興味深い文章があります。敗戦直後の九月三〇日にマッカーサー司令部が新聞の発禁を解除する指令を出し、言論の自由を認めた。その日の日記にこう書かれています。

「これでもう何でも自由に書けるのである！　これでもう何でも自由に出版できるのである！

生れて初めての自由！

自国の政府により当然国民に与えられるべきであった自由が与えられずに、自国を占領した他国の軍隊によって初めて自由が与えられるとは、――かえりみて羞恥の感なきを得ない」

（文春文庫、一九九一年、二九六頁）

九月三〇日と言えば、八月一五日からさほど経《た》ってはいません。高見順は、戦時中は文学者たちの国策団体である日本文学報国会のメンバーでもあって、当時、時代の流れに乗っていた作家でしたが、その人がこう書いているのです。

これは実に興味深いことではないでしょうか。自国の政府により当然国民に与えられるべきであった自由ではなく、「自国を占領した他国の軍隊によって初めて自由が与えられ」て、これでもう何でも自由に書けるのだと、作家が喜んでいる。これでもう何でも自由に出版できるのだと、出版人も喜んでいる。けれども、これは、日本国民が自分たちの力で、自分たちの経験から勝ち得た自由とは言えない。これは「羞恥の感なきを得ない」、つまり恥ずかしいと高見順は書いているのです。

しかも、高見順は「自国の政府により当然国民に与えられるべきであった自由」と書いているのですが、これは本当であれば、「人々が自国の政府に対して保障させるべきであった自由」と言うべきところではないでしょうか。政府に与えられるのではなく、政府に認めさせる。それを認めない政府があれば、それを認めさせる。そのためには、人々の中に、自由への渇望が生まれていないといけないのではないでしょうか。

戦後、護憲派と言われる人の中には、「自分の生き方は憲法によって決まった」という人がいます。帝国憲法下で桎梏《しっこく》を感じていた人が初めて新憲法に接したら、それは感動もしたでしょう。その気持ちは分かりますが、本来は、「憲法によって私たちの生き方が決まる」のではなく、「私たちの生き方があって初めて憲法がある」のではないかと思います。根本的な問題はここにあるのではないでしょうか。

自由の最終的な根拠となるのは、憲法の条文ではない。もちろん、憲法や法律を含めた法的制度として自由権の保障は不可欠ですが、しかし、憲法を変えられたらどうするのか。最も大切なのは、私たちの日々の生活や経験、そういうものの中に、「自由は決して譲れない」「自由の侵害は断じて認められない」という、自由への渇望があるかどうかだと思うのです。憲法は、そうした経験の上につくられて初めて生きる、根づくのではないでしょうか。

そう考えると、戦後何十年も経っていますが、果たして日本の社会の中に、こうした自由についての根本的な理解が共有されているのだろうかと疑問に思います。もしそれが広範に共有されていたならば、たとえば学術会議の問題が生じた時、「学問」や「思想」や「言論」「表現」の自由が損なわれるのではないかと、より多くの人が懸念を抱き、声を上げるのではないかと思うのです。

一人でも違えば

日本社会ではほとんど注目されなくなっていますが、自由を獲得すべく闘っている人々の中に、「日の丸・君が代」の強制に反対する教職員の人々がいます。「日の丸・君が代」が問題になってきたのは、小学校から高校までの学校の現場です。入学式や卒業式における「日の丸・君が代」の扱いをめぐり、二一世紀に入った頃から、起立して日の丸に正対し君が代を歌えという職務命令に教員が反対することを許さないという行政権力による強制が続いてきました。

「日の丸・君が代」の何が悪いと言う人も、もちろんいます。「君が代」は天皇を讃える歌だとか、かつての軍国主義を連想させるとか、いろいろ議論はあるとしても、国旗・国歌として法的にも定められているのだし、こだわらなくてもよいではないか、という人が多数派ではあるでしょう。

しかし、思想・表現の自由を考えた時、仮に一億人の国民の中にたった一人でも「自分は違う」という人がいれば、その自由を尊重しなければなりません。それが基本的人権としての自由権です。

たしかに、その自由の保障は無制限ではなく、現在の憲法では「公共の福祉に反しない限り」となっているように、自由の主張が恣意的になって、逆に他人の人権を著しく侵害するものであれば認められないことになります。しかし、そうでない限り、たとえば「君が代」斉唱に加わりたくない人が一割であっても、一パーセントあるいはたった一人であったとしても、これを尊重しなければならない。それが自由権なのです。

ところが、教育現場ではそうなっていない。文科省（文部省）は、一九八〇年代までは学習指導要領で「国旗を掲揚し、国歌を斉唱させることが望ましい」（昭和五二年告示・小学校学習指導要領）としていたのが、九〇年代に入ると「国旗を掲揚するとともに、国歌を斉唱するよう指導するものとする」（平成元年告示・小学校学習指導要領）と表現を強めました。そして決定的な段階に入ったのが二〇〇三年以降の東京都でした。

教員たちの闘い

二〇〇三年一〇月二三日、石原慎太郎都知事の下で東京都教育委員会は、卒業式や入学式での「日の丸・君が代」の実施指針を詳細に指示しました（一〇・二三通達）。たとえば、教職員は式典にふさわしい服装をする、国旗は壇上の正面に置く、教職員はそれに向かって起立して国歌を斉唱しなければいけないなどが職務命令として出されたのです。しかもこれは職務命令なので、これに反した者は処分されるという一種の脅迫を伴っていました。

一年余りのうちに、この一〇・二三通達に従わなかった教職員二四〇名以上が処分されました。しかもその中には、戒告や減給など、非常に重い懲戒処分を受けた人たちもいた。教職員たちはこれに不服を申し立てて裁判を起こしましたが、最高裁では、処分が重過ぎるとして処分を取り消されたケースはあっても、通達自体は憲法違反とは言えないという判決が出ています。

そこで、「日の丸・君が代」強制反対の人たちがＩＬＯ（国際労働機関）とユネスコのＣＥＡＲＴ（教職員の地位に関する勧告の適用合同専門家委員会）に、この問題を提起したところ、二〇一九年にＩＬＯとユネスコが承認した最終意見・勧告が出ました。この勧告は、基本的には教員も一般市民と同様の「思想・良心の自由」を認められるべきで、そういう儀式などに反対の教員がいる場合には、行政の側はそれらの教員にも対応できるような規則をつくらなければならないという趣旨でした。これは国内法では解決しないと考えた人々が、国際法レベルでの人権基準に従って問題を提起したケースです。

大阪府では、橋下徹府知事時代の二〇一一年に、通称「君が代起立条例」が出されて、いわゆる「口元調査」が始まりました。式の時に「君が代」を歌っているかいないか、口元を監視して調査し、口元が動いていない人は処分されるという驚くべき条例です。これに反対する人たちの中には、「自分は『日の丸・君が代』に違和感はないが、こんなふうに監視して歌わない自由をつぶそうとすることには反対する」という人もいます。

かつては日本教職員組合が組織として「日の丸・君が代」の強制に反対していましたが、現在はそれもなくなり、「日の丸・君が代」強制に反対する人は組織的なバックアップのないところで、個人として闘っています。では、なぜ、そうするのか。教員たちに尋ねると、子どもたちに教育者としての姿勢を見せることを大切にしているからだという答えが多い。自由や民主主義について教えているのに、職務命令だからといってそれに反することに従っていたのでは、それこそ子どもたちに示しがつかないというのです。

その根本にあるのは、「日の丸」や「君が代」の歴史的な文脈を考えて、起立しない、起立しても歌わないという自由を尊重する考えです。その自由が、最高裁によっても支持されないのであれば、個人の生き方と価値観を根拠にして闘うほかないでしょう。

自分の身に降りかかってこないと分からない

たとえば、ある世代が非常に重い経験をして、そのことから自由は必要だと痛感して制度の中に自由を実現したとしても、その世代の経験が過去のものになれば、その経験は後続の世代になかなか受け継がれない。例外はあるでしょうが、これは避けられないことだと思います。新しい世代は新しい世代なりに、自分たちにとって切実な経験の中から自由の大切さをつかみ取らないといけない。

一般的に、人間は自分自身の身が脅かされない限り、問題を深刻に受け取らないものです。戦前・戦中のジャーナリスト清沢洌《きよし》は、当時の軍国主義を批判して、自由な言論活動ができなくなっていました。その清沢が隠れて書いていた『暗黒日記』の、一九四五年一月一日つまり敗戦の年の元旦の日記が非常に興味深いのです。

「昨夜から今晩にかけ三回空襲警報なる。焼夷弾《しょういだん》を落したところもある。一晩中寝られない有様だ。(中略)日本国民は、今、初めて『戦争』を経験している」

(岩波文庫、一九九〇年、二六一頁)

一九三一年の満州事変をきっかけに戦時体制がしかれて以来、一九四五年の敗戦まで一五年にわたって日本は戦争をしてきましたが、一九四四年頃からアメリカ軍による本土空襲が本格化するまで、国民の多くは自分たちが空襲から逃げまどうことになるとは思っていなかった。一五年戦争の最後の時期になるまで、多くの国民は戦争を実感していなかったということです。「自分の身に降りかかってこないと分からない」とは、こういうことを言うのでしょう。

人間はどうしても自分の経験に引きずられる。そのため、本当に自由を奪われて、こんなことは耐えられないという経験をするまで、自由の大切さが本当には分からないということになりがちです。ですから、さまざまな文学や映像作品などを通じて、自分の身近とは言えないものに対しても想像力を押し広げていくような体験をしていく必要があるし、教育で言えば、歴史科目にもとても重要な役割があるだろうと思います。

日本の学校教育に不足しているもの

ＯＥＣＤの国際教員指導環境調査（ＴＡＬＩＳ）の二〇一八年の報告書に、教育環境の国際比較があります。その中で、中学校の教員に対して、自らの授業において「批判的に考える必要がある課題を与える」ような指導実践を行なっているかどうかを質問しています。「しばしば」または「いつも」行なっていると回答した教員の割合は、各国とも非常に高く、ブラジルの八四・二パーセントを筆頭に、アメリカが七八・九パーセント、オーストラリアが六九・五パーセント、イギリスは六七・五パーセント、フランスは五〇・三パーセント、隣国の韓国は比較的低い方ですが、それでも四四・八パーセントでした。これに対して日本は圧倒的に低く、わずか一二・六パーセントで、参加四八ヵ国中の最下位でした。

一方、「教室でのルールを守るよう生徒に伝える」指導実践については、「しばしば」または「いつも」行なっている割合が日本は非常に高い。批判的な思考の場合は一二パーセント程度だったのに、こちらは六四パーセントもありました。

日本の学校の中では、「日の丸・君が代」を押しつけられても、大方の教員は、まあ仕方ないかと受け入れている状況があります。そうした空気の中で、批判的思考を促す授業が行なわれていない。それが国際的比較の中で浮かび上がっています。こうした教育の現状は、私たちの実感にも合っていると思います。ルールを守りなさいと言うことも必要なことですが、批判的思考を促すことも大事なことではないでしょうか。そういう教育が日本ではほとんど行なわれていない。ここに最大の問題があります。

自由が脅かされ、自由が奪われて、初めて自由の大切さに気がつくということにならないようにするためには、批判的な思考と、歴史を知ることが不可欠だろうと私は考えています。

教育から「自由」が奪われ続けている

前川喜平

Maekawa Kihei

現代教育行政研究会代表、元文部科学事務次官。奈良県生まれ。東京大学法学部卒業後、旧文部省入省。初等中等教育局長などを経て、二〇一六年事務次官。二〇一七年一月、天下り斡旋問題で辞任。現在は執筆活動や全国で講演を行いながら、自主夜間中学での指導にも当たる。主な著書に『面従腹背』、共著に『これからの日本、これからの教育』などがある。

人事に介入する政権

日本学術会議の会員任命拒否の報道に接した時、ついにここまで来たか、という感じがしました。

現在、官僚の人事は完全に官邸に握られているし、そのほかの一定の独立性をもった機関にも次々と官邸の政治的な支配が及んでいる、そういう状況です。たとえば、人事院などはもともと独立性をもった機関なのですが、東京高等検察庁の黒川弘務検事長（当時）の定年に関して国家公務員法を適用するなどという解釈変更を官邸に飲まされてしまった。二〇二〇年二月、人事院の松尾恵美子給与局長は「現在まで同じ解釈」と答弁しましたが、一週間後にその答弁を撤回。さらにその一週間後、一宮なほみ人事院総裁は、法務省と人事院の間で事前に解釈変更の文書確認が行われていたと答弁しましたが、これは虚偽答弁だとしか思えない。

なぜ私がそう思うのか、少し込み入っていますが、ご説明しましょう。

二〇二〇年一月三一日、政府は国家公務員法を適用して、黒川弘務東京高検検事長の勤務延長を閣議決定しました。

森まさこ法務大臣は、二月一〇日の国会で、国家公務員法の勤務延長の規定は一九八一年の法改正時から検察官にも適用されていた旨の答弁をしました。この説明に対し山尾志《し》桜里《おり》議員が、一九八一年の法改正時に、検察官に勤務延長は適用されないと政府が答弁していたことを指摘。森大臣はそれを「承知していない」と答弁しました。過去の政府見解を知らなかったわけですね。

一方、二月一二日には、人事院の松尾局長が、検察官に勤務延長が適用されないという法解釈について「現在までも、特に議論はなかったので、同じ解釈を引き継いでいる」と答弁しました。

森大臣と松尾局長は正反対の答弁をしたのですが、一九八一年の法改正以来、法解釈が変わっていないという点だけは一致していました。

ところが二月一三日の国会で、安倍首相は「今般、検察官の勤務延長に、国家公務員法の規定が適用されると解釈することとした」と答弁した。つまり、閣議決定の前に法解釈を変更してあったのだと説明したわけです。

二月一九日の国会で「なぜ解釈変更を説明しなかったのか」と問われた森大臣は「問われなかったから」とはぐらかしました。また松尾局長は、二月一二日に「現在まで」と言ったのは「一月二二日まで」という意味だったと苦しい釈明をし、「なぜ間違えたのか」と問われると「つい言い間違えた」と、唖然《あぜん》とするような答弁をしました。

閣議決定の前に解釈変更を行ったという「ストーリー」を補強するため、政府が引っ張り出したのが一宮なほみ人事院総裁です。二月二六日の国会で「いつ法務省と協議したのか」という自民党議員の質問に対し、一宮総裁は「一月二二日に、人事院事務総長が法務事務次官から、法解釈が示された文書を受領した」「一月二四日に、異議がない旨の文書を作成し、人事院事務総長が法務事務次官に直接渡した」と答弁しました。これらの文書には日付がありませんでした。事務方トップ同士で日付のない文書で直接協議するなどという事務処理は、およそ行政の常識を逸脱しています。

もしこの一宮総裁の答弁が本当なら、森大臣も松尾局長も、二月一二日以前の答弁で解釈変更をしたと説明していたはずです。しかし彼女たちは、解釈は変わっていないと答弁していた。解釈変更をしたと言い始めたのは、二月一三日の安倍首相の答弁の後です。つまり、この「解釈変更」は二月一二日の夜に行われたとしか考えられません。したがって、一宮総裁の、法務省と人事院の間で一月に解釈変更の文書確認が行われていたという答弁は虚偽答弁だと断じざるを得ない。この一事で、人事院の独立性が失われたことは明らかです。

もっと遡れば、内閣法制局も行政府の法の番人という位置づけだったのですが、官邸は二〇一三年に同局の長官の首をすげ替えて、集団的自衛権を認める人を長官にもってきた。

法制局長官は内部登用という従来の慣例を破り、内閣法制局での勤務経験のない外務官僚の小松一郎氏を長官にして、集団的自衛権を容認する安保法案にお墨付きを与えさせた。

そのほか、NHKの経営委員、さらには最高裁判所の判事もかなり恣意的な任命がなされている。私が経験したことでいえば、二〇一六年の文化功労者選考分科会の委員二人の差し替え指示です。それまでは文部科学省で人選した候補者が拒否されることはなかったのですが、その時は杉田和博官房副長官（当時）から差し替えを求められた。一人の学者が「安全保障関連法に反対する学者の会」に入っていて、もう一人の文化人は、政権批判的なことを雑誌で何度か発言するなど、政権の方針に反対する言動があったというのが理由でした。

教育行政でいえば、第二次安倍政権発足以来、教育再生実行会議という教育改革の審議機関が官邸に置かれていますが、この委員は、安倍さんと当時文科大臣だった下村博文《しもむらはくぶん》さんのお友達しかいなくて、多様性や公平性というものはまったくない。

そうやって行政府やNHKなどの人事が次々と官邸の意のままになってきた経緯があり、それがついに学術会議にまで及んだということです。学術会議は法律上独立性が担保されているのだから、その人事に介入するのは明らかに法律違反です。学術会議の独立性は憲法が保障する学問の自由に基づくものですから、その独立性を侵す法律違反は憲法違反にほかならない。

教育基本法改正、負の影響

学問や文化というものは、人類が何千年にもわたって自由な精神の上に築き上げたものです。現在の学校教育も、そうした学問や文化にのっとってその内容が決まる。学習指導要領の策定にしても教科書検定にしても、学問や文化の蓄積の上でなされなければならず、それに反することはやってはいけない。しかし、時としてそういう事態が生じます。

たとえば、二〇〇六年から二〇〇七年にかけての教科書検定で、高校日本史の教科書で、沖縄戦におけるいわゆる集団自決の記述について、それまで認めていた検定を突然認めなくなったということがあった。沖縄戦で起こったいわゆる集団自決に対して、従来は「日本軍による強制」という表現が認められていたのに、強制や軍命という言葉を使うことが突然認められなくなったのです。日本軍による強制というのは、歴史学の世界で検証された事実として認められていたものなのに、その事実を曲げてしまった。

この検定内容が明らかになったのは二〇〇七年の春でしたが、それを知った沖縄県民はこの歴史の歪曲《わいきょく》に大変怒り、同年九月二九日にこの教科書検定の撤回を求める県民大会が開かれ、一一万人もの人が集まった。この検定について文科省はいまだ撤回していないので、撤回せよという運動はいまも続いています。

私はこの時、文部科学省の中にいましたが直接の担当ではなかったので、どういう力が働いてこういう検定方針の変更が起きたのか、経緯はわかりません。具体的に何があったのかは想像するしかないのですが、この突然の検定方針変更がひどく不自然だったことは確かです。これには、おそらく二〇〇六年の第一次安倍政権の成立と教育基本法の改正が影響していると思います。

二〇〇六年は、第一次安倍内閣の成立と教育基本法の改正が行われたという意味で、日本の教育が右傾化する一つのエポックメーキングな――良くない意味でのエポックですが――年で、ここからむき出しの政治が教育の中身に手を突っ込んでくることが起こり始めました。

教育基本法改正という政府の方針を初めて公にしたのは、二〇〇一年の通常国会での森喜朗首相の施政方針演説ですが、それ以前に中曽根康弘首相が教育基本法の改正に意欲を燃やしていた。中曽根さんにとって、教育基本法の改正は憲法改正の露払いというか前段階という位置づけでした。中曽根さんは個人より国家が大事だと考えていた人ですから、それを明確にした憲法にするためにはまず教育基本法を変えなければいけないと思っていた。そうした中曽根さんや森さんの圧力が自民党の内部に脈々とあり、小泉内閣の時に教育基本法の改正の具体的なプロセスが始まって、法律改正まで行ったのが第一次安倍内閣、という流れです。

教育基本法の改正で特に問題なのは、同法旧第一〇条では「教育は、不当な支配に服することなく、国民全体に対し直接に責任を負つて行われるべきものである」と規定していたのが、新第一六条では、「国民全体に対し直接に責任を負つて」に代わって「この法律及び他の法律の定めるところにより」という文言が入ったことです。

実は削られた「国民全体に対し直接に責任を負つて」の「直接に」という言葉が大事だったのです。もしこれが「間接的」であれば、国民が代表者である国会議員を選び、国会議員の中から総理大臣が選ばれ、総理大臣が文部科学大臣を選任する。国民から信任されている文部科学大臣なのだから、文部科学大臣が言ったとおりに教育することは間接的に国民に対して責任を負っていることになってしまう。

しかしそうではなく、教える者と学ぶ者との関係は直接であり、それゆえ教師は目の前の児童・生徒・学生に対して直接責任を負っているのだという、その直接性を担保するための教育行政の仕組みとして、戦後設けられたのが公選制の教育委員会です。住民から直接選挙で選ばれる教育委員会が教育行政を行うことで、首長、そして文部科学省（当時は文部省）からも独立しているという極めて独立性の高い地方教育行政制度だったのです。しかし、一九五六年には公選制が廃止され首長による任命制になりました。すでにこのころから、教育基本法の風化は始まっていたのです。

「学問の自由」はすべての人がもつ人権

もう一つ問題なのは、旧第一〇条では第一項の教育と第二項の教育行政の二つの条文に分かれていたのが、改正後の第一六条では一つの条文になって、教育と教育行政を峻別《しゅんべつ》する考え方がなくなってしまったことです。これは従来の文部科学省の考えで、国公立学校における教育は教育行政に含まれる、つまり、教育行政の方が上位概念で、教育行政の中に教育が含まれるという考えです。言い換えれば、公務員である公立学校の教員が行っている教育は教育行政で、教育行政の中に学校教育があるのだ、と。この文科省の考え方は改正前から一貫しています。

この教育基本法の旧第一〇条が新第一六条に変更されたことは、教育行政にとって大きなインパクトがあったのですが、辛うじて「不当な支配に服することなく」という言葉が残ったのは、不幸中の幸いでした。しかし、「この法律及び他の法律の定めるところにより」という、法律の根拠さえあれば政治が教育にいくらでも介入できるかのように読める条文が入ってしまった。実際、教育の内容、教育の実践に、国なり自治体なりが口を出すというのは法律の根拠がある限りは不当な支配にはならないというのが、改正した時の文科省の言い分です。

しかし私個人は、「不当な支配に服することなく」というのは、憲法から導かれる考え方であって、法律の根拠があったとしても不当な支配はできないと読むべきなのだと思っています。なぜかといえば、教育の自主性が認められなければいけないからです。なぜ教育の自主性が認められなければいけないかといえば、学問の自由に基づいているからだ、というのが私の理解です。

学問の自由というのは、大学の先生だけの自由ではない。学問の自由は基本的人権であるから、すべての人がもっている当然の権利である。また学問というものも、難しい論文を書いたり難しい実験をしたりすることだけではない。現に、明治の初めに福沢諭吉が書いた『学問のすゝめ』では「いろは四十七文字を習ひ、手紙の文言、帳合の仕方、算盤《そろばん》の稽古、天秤《てんびん》の取扱等」も学問だと言っている。一八七二（明治五）年に明治政府が学制を発布して、その学制発布に際して太政官が布告した「被仰出書《おおせいだされしょ》」という国民に対して学校に行きなさいと呼びかけている文章があり、その中に「学問ハ身ヲ立ルノ財本」という言葉がある。学ぶということは、職業に就いて身を立てていく元手（財本）であるから学校へ行きなさい、と。つまり、もともとの「学問」は学ぶことすべてを表していて、いまでいう「学習」という意味も含み込む言葉なのです。

だから学問の自由というのは、すべての人の基本的人権であって、それゆえアカデミズム、大学の先生だけではなく、小学校の先生、中学校の先生、もっといえば小学生も中学生も学問の自由をもっている。そもそも学ぶということは自由な行為なのだということです。

教育の自由そのものを規定した条文は、日本国憲法にはありません。明治憲法にはそもそも教育に関する条文がありませんでした。ところが、明治憲法発布前に市井の人たちによってつくられた私擬憲法の一つ「五日市憲法草案」の中には、「子弟ノ教育ニ於テ其学科及教授ハ自由ナル者トス」と、教育の自由を保障する条文があったのです。自由民権運動の先進性を感じますね。

教育から自由が奪われ続けている

このように、教育に関していえば、徐々に自由が奪われていく状況がずっと続いている。この状況の背後にあるのは、新自由主義と国家主義だと思っています。効率と有用性を優先して生産性を競わせるという新自由主義的な考えが世界的に広がってきていることと、個人よりも国家が大事だという国家主義的な価値観を植え付けようとする動き、その二つが同時進行している。

　まず新自由主義についていえば、憲法上自由権といわれるものを大きく分けると、精神的自由権と経済的自由権に分けられます。たとえば、憲法第一九条の思想・良心の自由、第二〇条の信教の自由、第二一条の言論・出版その他表現の自由、第二三条の学問の自由、これらは精神の自由です。一方、第二二条の職業選択の自由、第二九条の財産権などは経済的な自由です。このうち経済的自由権の方を最大限に保障して、公共の福祉という理念で制約することを極力避けて自由に経済活動させる、これが新自由主義の根本にあると思います。新自由主義の人たちは、経済的自由にはものすごく関心をもつけれど、精神的自由にはほとんど関心がない。一方で、精神的自由、心の自由を重んじるのが本来の自由主義、リベラリズムです。

　精神的自由と経済的自由とを比べてどちらが大事なのかといった時に、私は圧倒的に精神的自由だと思っています。学生の時に憲法を教えてくださった芦部信喜《あしべのぶよし》さんがアメリカから学んできた理論に「二重の基準論」というのがあります。憲法上の自由権の制約が合憲であるか否かというのを判断する時に、経済的自由権と精神的自由権については、同じ考え方を当てはめるべきではない。経済的自由権の方は、政策的に幅広く制限することができる。しかし、精神的自由権の制約については、極めて厳密に考えなければならないと。精神的自由は最大限に保障されなければならず、公共の福祉という曖昧な概念で制限してはならない。他者の人権を守るためにどうしても制約せざるを得ない場合にしか制限できない。これが二重の基準論です。

これはアメリカの憲法判例で形づくられてきた考え方で、私もこれは非常に妥当な考え方だと思います。新自由主義的な人たちは、自分の金なのだから自分が使うのは勝手だろう、税金というのは国家による収奪であると思っていて、とにかく税金を払わないように考える。しかし、たくさん稼いでいる人や多くの資産をもっている人からはたくさん税金を徴収するというのが福祉国家の在り方です。二〇世紀に至ってようやく人類はそういうところまで進歩して、社会権というものを人権として打ち立てた。だから、貧しい人の生存権を保障するために豊かな人の経済的自由を制限するのは必要なことなのです。ところがいまの日本では、経済的自由権の制限が取り払われる一方で、精神的自由がどんどん締めつけられるという逆の方向になっている。

その新自由主義と国家主義がなぜ結びつくのかといえば、新自由主義は必然的に国家主義を求めているからだと思います。新自由主義が前提としている人間像というのは、自分の利害しか考えない、お金で評価できる利益しか関心がないという人間です。そうした利己的な人間像を前提にしていると、自分以外の人間は競争相手にしかならない。お互い市場で争っているライバルだということになると、自分たち自身では社会の秩序をつくることができずに、国家という強い権力・権威が上から与えないと社会の秩序が得られないことになってしまう。そういう意味で、新自由主義と国家主義は非常に親和性が高い。

しかし、独立した個人が手をつなぎ合って市民となり、市民が対話や熟議の中から市民社会をつくっていく。これが本来の人間社会のあるべき姿ではないかと思います。民主主義の一番根っこにあるのは話し合いで、話し合いながらお互いルールをつくっていく。その前提にあるのは自由な個人です。自由な個人であることで、賢明な市民になり、その賢明な市民が市民社会をつくっていく。そういう市民像は、新自由主義からは出てこないし、国家主義からも出てこない。

私は学生時代にエーリッヒ・フロムの『自由からの逃走』を読んで、こういう自由からの逃走が広範に起こることによってファシズムが生まれるのだと学びました。「自発的隷従」という言葉も「自由からの逃走」とほぼ同義だと思います。本来自由であるはずなのに、自ら大きな権威に付き従おうとする。そうした世俗の権威にすがろうとする考え方が国家主義を呼び込み、それがいま広範に広がっているのだと思います。

子どもたちへ——まず、大人を疑うこと

教育の自由をめぐる問題で考えなければならないのが、上からの規範を押しつける、道徳の教科化です。自由を摘み取ってしまうような道徳教育が、強力に学校教育の中に組み込まれている。私は文科省で道徳の教科化が進行している時にちょうど、その担当の局長でした。だから、お前が言えた義理かと言われるかと思いますが、道徳の教科化の議論をしている中で、「いや、これはまずいな」と思いつつも、政治の力でどんどん流されていってしまったことで、いまでも慚愧《ざんき》の念に駆られています。

私が局長だった二〇一四年には、道徳の教科化はまだ議論をしている最中でしたが、最終的に二〇一八年度から小学校、二〇一九年度から中学校で制度として道徳の教科化が始

まった。道徳の教科化がそれまでと何が違うかというと、検定教科書を必ず使って授業せよと、教科書が指定されていることです。それまでも道徳の時間はありましたが、教材は何を使ってもよかった。

それからもう一つ大きいのは、学習成果を評価しないというのが以前の道徳で、現在の道徳は新たに評価制度が導入されている。道徳の教科化の前段階として、当時の下村文科大臣の下で、文部科学省自身が『私たちの道徳』という指導資料、いわば国定教科書のようなものをつくったのですが、私はその時の担当局長でした。といっても、内容にはほとんど口出しできなかった。有識者会議をつくってそこで議論したのですが、そのメンバーには下村さんのお気に入りで、日本の保守政治を裏から操っているといわれる日本会議系の人も入っていた。そういう場でつくられたものが道徳科の教科書のモデルになっている。

この「国定教科書」の中に「うばわれた自由」という読み物がありました。その後つくられた小学校の検定教科書でも、数社が同じ読み物を載せています。封建時代のヨーロッパが舞台で、森の番人のガリューが、決まりを破って勝手に狩りをしたジェラール王子を咎《とが》めたために、牢屋に入れられてしまう。その王子は、王になってからもわがままに振る舞ったため、裏切られて投獄される。牢屋でガリューに再会した王子は、自らのわがままを反省する――。単にわがままはいけないというだけの教訓になっていて、自由とは何であるか、人類はいかに苦労しながら自由を勝ち取ってきたかという自由の価値については何も触れられていない。こんな教科書で自由を教えられる子どもたちは不幸です。

精神の自由をもつというのは、裏を返せば、疑うということです。どんな偉い人の言うことでも鵜呑《うの》みにしない。私が中学生、高校生の前で話す機会がある時に、必ず中高生に向かって言っているのは、「大人を信じるな」と。まず、自分を信じなさい。自分を信じる人間というのは自分に対する疑いをもてる人間です。自分が考えていることが一〇〇パーセント正しいなどと思っているのは思い上がりで、いろいろな人と対話する中で自分の考えを変えていくということは当然あり得る。その時に、ここまでは自分が確かだと考えていることがあれば自信をもてる。誰かが言っていることをそのまま鵜呑みにしたら、本当の自信にはならない。だから、先生の言うことでもお父さんお母さんの言うことでも、頭から信じずに、一旦は疑いなさい、と。

ですから、もし若い人たちに学術会議問題で起きたような政治の介入がいかに危険なことであるのかを伝えようと思ったら、このままいけばどんどん国民の自由が奪われていくから反対しなさいと、頭ごなしに言うのではなく、まずその人に疑問を抱かせるように語りかけることが大事なのです。その意味では、大変なバッシングを受けましたが、ゆとり教育というのは、学習する子どもたち自身の中に疑問を生じさせて、なぜだろう、どうなっているのだろうという気持ちをもつことを大事にしていたことは見直されてもいい。

政治による介入に抗して

これからもいろいろな形で政治が教育に介入してくる場面が出てくると思います。滅私奉公を求める道徳教育、過去の侵略戦争や植民地支配を正当化する歴史教育、周辺国の軍事的脅威を強調する公民教育、正しい知識を与えることを否定する性教育などです。その時に、教師であれ、生徒であれ、保護者であれ、市民であれ、これはおかしいのではないかときちんと声を上げげて、その疑問をできるだけ多くの人たちと共有できるようにしていくことがとても大切であり、また、そこに希望をもちたいと思っています。

私は二〇一七年五月二五日に、加計《かけ》学園問題で記者会見し、文部科学省から流出した文書について「あったものをなかったことにはできない」と言いましたが、あれは「勇気ある告発」というほどのものではありません。安倍首相のお友達のために行政が歪められたことは明白でした。私はすでに役所を辞めていましたし、天下りもしていませんでしたから、特に怖いことも失うものもありませんでした。自分の心に正直に行動したまでのことです。強いて言えば、若いころから学んだ仏教が私を支えたと言えるかもしれません。諸行無常と知れば怖いものはない。

ただ、私よりずっと勇気があったのは、加計学園問題の内部文書を国民に知らしめた現職の職員たちです。処分されたり左遷されたりする危険を冒して正義のために自分自身の判断で行動した。子どもたちの教育を司る文部科学省に、そういう人たちがいることは、一つの救いだと思います。

新自由主義時代の「富国強兵」教育

鈴木大裕
Suzuki Daiyu

高知県土佐町議員・教育研究者。神奈川県生まれ。一六歳でアメリカの全寮制高校に留学。九九年スタンフォード大学大学院修了（教育学修士）。その後、日本の公立中学校での英語教諭を経て二〇〇八年に再渡米し、フルブライト奨学生としてコロンビア大学大学院博士課程に入学。一六年からは高知県土佐町に移住し、教育を通した町おこしに取り組む。著書に『崩壊するアメリカの公教育――日本への警告』、共著書に『学校と教師を壊す「働き方改革」――学校に変形労働制時間はいらない』など。

教育を通して強くて豊かな国をつくるのだ。教員が何を教え、子どもたちが何を学ぶのかは国家が決める。激化する国際競争を勝ち抜くために、国が必要としているグローバル人材を育成するのだ。余計なことは考えるな。教育を通して愛国心と郷土愛を培い、国が示す学力の向上に励めばそれで良い……。

それが菅政権の本音なのではないだろうか。「戦後レジーム」――安倍晋三前首相は、憲法や教育基本法など、日本が占領時代に作られた様々な制度とその精神をそう呼び、「戦後レジームからの脱却」を掲げた。その安倍前首相を官房長官として支えたのが現・菅義偉首相であり、前政権からの路線はそのまま継承されている。本稿では、日本学術会議会員の任命拒否問題をきっかけに、「戦後レジームからの脱却」という名の下に進められる教育への政治介入と新自由主義時代の「富国強兵」教育について考えてみたい。

「檻《おり》の中のライオン」が暴れている

弁護士の楾大樹《はんどうたいき》氏は、著書『檻の中のライオン』[1]の中で、国家権力を「ライオン」、憲法を「檻」にたとえ、国家権力とそれを制限する憲法の関係を、わかりやすく伝えている。まず、私たち一人ひとりには、生まれながらにして基本的人権がある。そして、個性豊かな私たちが、お互いを尊重しながら一つの社会で共存していくために国が必要となる。大事なのは、もともと「個人のために国家がある」わけで、かつて戦争への道を突き進んだ日本がそうであったように「国家のために個人がある」わけではないということだ。だから、皆が健康で幸せに暮らせるよう、ライオンには皆の権利を守りつつ国を治めてもらわねばならない。そこで必要となるのが、権力を手にしたライオンの暴走を封じ込める「檻」であり、その役割をはたすのが憲法だ。

しかし今、日本では「檻の中のライオン」が暴れている。二〇二〇年の一〇月一日、日本学術会議によって推薦された新会員候補一〇五人のうち、六人の任命を菅首相が拒否したことが、会員選出人事における自律性・独立性を保障する日本学術会議法に反するだけでなく、憲法で保障されている学問の自由（第二三条）をも侵害すると大問題になった。

多くの識者が指摘しているように、これを独立した問題として捉えることは到底できない。特定秘密保護法の成立（二〇一三年）、集団的自衛権の行使を容認する安全保障関連法の成立（二〇一五年）、文化審議会文化功労者選考分科会委員の官邸による差し替え指示（二〇一六年）、「あいちトリエンナーレ2019」に対する文化庁の補助金不交付問題（結局は減額交付で決着）、検察庁法改正案（二〇二〇年に国会に提出されたが、世論の反対を背景に見送り）といった一連の動きの中に位置づけられるものだ。そしてこれらの先にあるのは、自民党内で長年にわたって議論されてきた憲法の改正なのだろう。しかし、主権者である国民が訴えるならまだしも、閉じ込められているライオン自らが檻の不都合を訴えるのはおかしな話だ。

それと同じ構図が、日本学術会議会員の任命拒否事件にも見られる。藤谷《ふじたに》道夫慶應義塾大学教授は、真の民主主義とは「多数決を捨てること」だと主張する。「現代の民主主義はロゴス（言葉、論理）主義であるべきです。論理に従って議論し、たとえ少数派であってもより正しく合理的な方が勝つ。数ではありません。議会は、そのためにあります。拙速に多数決で決めて間違うより、じっくり考えて正しい道を選んだ方がいい。多数決が正しいなら、天動説が正しかったことになります」[2]。

政治思想史を専門とする獨協大学の網谷壮介《あみたにそうすけ》氏は、これを「民主主義の可謬性《かびゅうせい》」という言葉で説明する。[3] 民主主義は判断を間違える可能性がある。だから多数決で自動的に決めるのではなく、少数の異論にも傾聴し、議論する。理由も説明せずに権力を行使することこそが民主主義に反しているのだ。同時に、間違える可能性があるからこそ、学問が必要なのだろう。その意味で、憲法がライオンにとっての「檻」であるように、日本学術会議はライオンの檻の看守である。自ら檻の不都合を訴えて憲法の改正を試みたのと同様に、国民から頼まれてもいないのに檻の看守を変えようとした……。それが日本学術会議会員の任命拒否問題の構図だ。

「個人のための教育」から「お国のための教育」へ

日本学術会議が政治からの独立性を保障されている背景には、政治によって科学が戦争に利用された歴史がある。まだ戦後間もない一九四九年、日本学術会議の発足にあたり、第一回総会で決議された決意表明文にはこんな一節がある。「われわれは、これまでわが国の科学者がとりきたつた態度について強く反省し、今後は、科学が文化国家ないし平和国家の基礎であるという確信の下に、わが国の平和的復興と人類の福祉増進のために貢献せんことを誓う[4]」。

戦後、そのように反省したのは科学者だけでなく、教員もまた同じだった。上の決意表明文に出会った時、私が真っ先に思い起こしたのは「教え子を再び戦場に送るな」という戦後教育界の合言葉だった。そして、教育をめぐっては、実は日本学術会議会員の任命拒否問題が発覚するずっと前から政治による介入が行われてきた。その象徴が二〇〇六年の第一次安倍政権のもとで行われた教育基本法の改定だった。

「ここに、日本国憲法の精神に則り、教育の目的を明示して、新しい日本の教育の基本を確立するため、この法律を制定する」。高らかにそう宣言した改定前の教育基本法（以下、旧教育基本法。改定後は新教育基本法と呼ぶ）の前文が明確にしているのは、「臣民の教育」を国家支配の下に置いた教育勅語（一八九〇年公布）からの脱却であり、民主主義という新たな時代の幕開けだった。教育は国家から施されるものではない。すべての人には自由に教育を受ける権利がある。それが旧教育基本法の理念だった。

しかし、二〇〇六年の教育基本法の改定を境に状況は一変する。旧教育基本法の第一〇条には、「教育は、不当な支配に服することなく、国民全体に対し直接に責任を負つて行われるべきものである」と明記されていた。それは言い換えれば、教育における政治の責任はあくまでも教育が行われる環境を整える教育条件整備に専念することであり、「何を教えるか」などの教育内容には立ち入らないとの制約的な意味があったのだが、改定によって「国民全体に対し直接に責任を負つて」という重要な部分が削除されたのだ。故大田堯《たかし》氏（東京大学・都留文科大学名誉教授）は、新教育基本法では「教育への（国家による）不当な支配を排除すべきだとする、旧教育基本法の締めくくり条項（第一〇条）が抹殺された」[5]と指摘し、教育基本法改定は「憲法改定への大きな布石」[6]だと警告した。

文科官僚として国家権力と教育の関係を間近で見てきた前川喜平氏は本書でも述べているように、自民党内における教育基本法改定の計画は中曽根政権まで遡る、と指摘する。中曽根康弘元首相は「個人のために国家がある」のではなく、「国家のために個人がある」という自らの全体主義的な価値観を社会に浸透させる手段として、憲法との連動性が高く、憲法よりも改定しやすい教育基本法に目をつけたのだ。

では、「国家のために個人がある」と思っている人間がこの新自由主義の時代に権力を握った時、教育はどのように姿を変えるのか。私なりの答えが、冒頭に述べた言葉だ。子どもたちの自由な教育は、強くて豊かな国をつくるための手段と見なされ、愛国主義とグローバル経済への服従を余儀なくされていくことになるのではないだろうか。

「愛国」による教育への政治介入

新自由主義時代の「富国強兵」教育はどのように進められていくのだろうか。まず、新教育基本法第二条には、「教育の目標」として、道徳心を培うことや、伝統と文化を尊重すること、愛国心や郷土愛を養うことが新たに設けられた。そして、二〇一一年の滋賀県大津市の中学二年生いじめ自殺事件をきっかけに、第二次安倍政権にて、道徳が評価をともなう教科に格上げされた。しかし、もともとはいじめ防止の理由で教科化されたはずであった道徳は、いつしか愛国教育のツールへと姿を変えていく。

二〇一七年度ギャラクシー賞大賞を受賞したドキュメンタリー番組を書籍化した『教育と愛国——誰が教室を窒息させるのか』[7]は、戦後初の道徳教科書検定結果をめぐる「えっ？　と驚くような事態」とそれに関する一連の報道をレポートしている。検定では、「伝統と文化の尊重、国や郷土を愛する態度」の育成という新教育基本法が打ち出した観点が多くの教科書会社を悩ませた。道徳の教科書に使われるエピソードの中で、一見何の問題もないように見える場面に「不適切」という意見が連発されたのだ。その結果、ある教科書では「パン屋さん」の場面が「和菓子屋さん」に書き換えられ、「大すき、わたしたちの町」という町探検の場面を載せていた他の教科書では、「アスレチックの遊具で遊ぶ公園」が「和楽器を売る店」に書き換えられていた。[8]

人が愛国心を持ち、郷土を愛する――本来は祝福すべきことなのだが、この一連の件から言えるのは、国家がそれを統制することの危うさだろう。何が「愛国」や「郷土愛」と讃《たた》えられ、いったい何がそこから排除されるのだろうか。

「学力向上」による教育への政治介入

教育への政治介入は、「学力向上」という名目でも進められていった。教育基本法改定の翌年、第一次安倍政権によって全国学力調査が四三年ぶりに復活された。ポイントは、悉皆式《しっかいしき》（全員参加形式）で行われ、全国の小学六年生と中学三年生を対象に行ったことだ。その名の通り「調査」であるならば、抽出式で十分だったはずだ。しかし、第一次安倍政権は、あえて総額七七・二億円もの巨額[9]を投じて全国の国公立小中学校を管理することを選んだ。その後の民主党政権下で一度は抽出式に変更されたものの、第二次安倍政権は再びそれを悉皆式に戻すという執拗《しつよう》さを見せた。

二〇一四年、規制緩和で自治体別だけでなく学校別の成績開示が教育委員会の判断で可能になると、学校間の比較と序列化が進み、点数競争が激化。都道府県や市独自の学力テストを実施する自治体も増えた。東京や大阪などの都市部では、行政が各学校に「結果責任」を求め、各学校が自らの生存をかけて生徒を奪い合う「市場型」学校選択制を始める自治体も登場し、公教育の市場化の歯車が一気に回り始めた。このように、「学力向上」の名の下に教育の数値化と標準化を行うことで、国家が全国の学校を遠隔評価し、監視、競争させる新自由主義的な教育統制が構築されていった。

教育基本法改定以降、教育へのあからさまな政治介入が始まる。教育法学者の髙橋哲氏（埼玉大学准教授）は特に二〇一二年の第二次安倍政権誕生以降、新自由主義的な支配体制づくりが加速していったと指摘している。[10] 二〇一四年、「地方教育行政の組織及び運用に関する法律の一部を改正する法律」によって、教育行政における首長の権限が強化された。教育委員の中で選ばれていた「教育委員長」が廃止され、自治体の首長が任命する「教育長」に権限が一本化されたことで、首長の意向が教育に反映されやすくなったのだ。それは、戦後、政治が教育に介入できないようにと作られたはずの教育委員会制度の独立性が本質的に崩されたことを意味していた。さらに、同年五月には、教員評価を人事評価と結びつけ、降任や免職処分などの任命権者による制裁措置を導入する「改正地方公務員法」が公布され、「結果責任」の名の下に教員個人に対しても政治的な統制が強化されていった。

現代言語学の権威であるマサチューセッツ工科大学名誉教授のノーム・チョムスキーは、「民衆を受け身で従順にする賢い方法は、議論の範囲を厳しく制限し、そのなかで活気ある議論を奨励すること」[11]と鋭く指摘する。「学力向上」というのはまさに国家権力が提示する議論の枠組みそのものなのではないだろうか。本来であれば、何を子どもたちに教えるのか、どんな「学力」を育むのか、教育を通してどんな社会を目指していくのか、そこをまず徹底的に議論するのが民主主義社会の教育だろう。しかし私たちは、政府が提示する「学力向上」という枠組みを従順に受け入れ、実に活発に議論し、知らぬ間に子どもたちをこの新自由主義的な社会に適応させてしまっているのだ。

「グローバル人材」の育成

第二次安倍政権発足以降、国家経済戦略としての学問と教育の推進が加速していく。第二次安倍政権でつくられた教育再生実行会議は、二〇一三年五月の第三次提言で、大学改革を「日本が再び世界の中で競争力を高め、輝きを取り戻す『日本再生』のための大きな柱の一つ」と位置づけ[12]、「初等中等教育段階からグローバル化に対応した教育を充実する」ことを宣言。同年七月の参議院選挙で自民党は、「世界で勝てる人材の育成」を公約に圧勝、一二月には、文科省が「一〇年間で世界大学ランキングトップ一〇〇に一〇校以上をランクインさせる」国立大学改革プランを発表している。その半年後、二〇一四年のOECD閣僚理事会では、安倍首相が基調演説の中で「学術研究を深めるのではなく、もっと社会のニーズを見据えた、もっと実践的な、職業教育を行う」と明言[13]。二〇一五年、文科省はすぐにそれを実行に移し、全国立大学への通知[14]にて、社会のニーズに合わせた学部組織の見直し、廃止、転換に向けた積極的な取り組みの開始を知らせた。金にならない人文・社会系学部が狙い撃ちされた……。大学関係者らはそう呟いた。

中央教育審議会の元会長である安西祐一郎氏が、東京大学を「国民の負託を受けて多額の税金が注入されている明治以来の国策大学だ」と発言したことに対して、東京大学文学部教授の阿部公彦氏は本書でも、その問題点をこう指摘している。「まるで明治時代に逆戻りしたかのような『富国強兵』のレトリックがそこには垣間見える」。そしてそれは、長年中学校で社会科を教えてきた平井美津子氏の言葉にも通じている。「誰のための教育なのか？ 原点に立ち返って考える必要があります。国益にかなない、グローバル企業が求める人材というのは、戦前のお国のため、天皇のために忠義を強制させられた臣民と同じです[15]」。

大村はまが追い続けた希望の光

日本学術会議問題発覚の翌日、京都教職員組合が菅首相に任命拒否撤回を求める要請書を出した。「私たち教職員にとっても、教育の自由と学問・研究の自由は不可分のものです。今回の任命拒否は、六人の科学者の問題にとどまらず、日本の教育研究と民主主義にかけられた攻撃といわなければなりません[16]」。学者だけでなく教師からも抗議の声が上がらないものかと思っていた私は、嬉《うれ》しくなって戦後の国語教育を長年にわたって牽引した故大村はま先生に想いを馳せた。

戦時中、女学校教師だった大村は、軍需工場と化した女学校の講堂で軍から言われるままに千人針づくりを指導し、戦地へ送る慰問袋を作った。「私は戦争に協力しました」。戦争中のことを訊かれれば、少しの言い訳もせず、むしろ自分を戒めるようにそう語った。[17]戦後は、誕生したばかりの新制中学校に償いの場を求めた。「戦争の後、それまでの世の中のことを振り返ると呆然《ぼうぜん》となってしまって、ほんとうに気持ちが変になるくらいでした。新しい社会をつくるために、捨て身というくらい激しい気持ちで働きたいと思った。それで新制中学へ出て、新しい民主的な国になっていくために、きちんと役に立つ国語教育を本気でやっていこうと決めたのです」[18]。

「『研究』をしない教師は、『先生』ではないと思います」[19]と言い切る大村にとって、「教える」ということは国家権力に流されない教師の自律した精神と、そのために不可欠な学問の自由を取り戻すことだったのだろう。学ぶ喜びと苦しみ、そして感動を子どもたちと分かち合わねば、と大村は常に新しい題材に挑戦し、二度と同じ授業を繰り返さなかったという。

大村の教え子の苅谷《かりや》夏子氏は、「戦後の日本の出直しの基本は、民主主義を学ぶということだった。ずるずるっと戦争に突入し、原爆、特攻隊にまで至る過程をふりかえって、大村は、本気になって話し合うことの意味と力とを子どもに伝えようとした」と振り返る。[20]戦争の愚かさ、悲惨さを体験した大村はまにとって、戦争を知らない権力者らが嫌う「戦後レジーム」に基づく新しい社会の実現は、死に物狂いで追い続けた希望の光であったに違いない。今日の学校に、はたして学問の自由はあるのだろうか。教師と子どもが本気になって話し合い、創造的な学びに浸れる環境、そして教育を通して、新しい社会を建設するという自由はあるのだろうか。

注

1 椋大樹『檻の中のライオン――憲法がわかる46のおはなし』かもがわ出版、二〇一六年

2 『「多数決を捨て、議論をしよう」イタリア学会会長 藤谷道夫さん』「東京新聞」二〇二一年一月五日、https://www.tokyo-np.co.jp/article/77960

3 網谷壮介「ポピュリズムと代表制」Choose Life Project https://cl-p.jp/2021/02/27/unv2-4/

4 日本学術会議 http://www.scj.go.jp/ja/info/kohyo/01/01-01-s.pdf

5 大田堯『ひとなる』藤原書店、二〇一六年、二六頁

6 同書、二二頁

7 斉加尚代、毎日放送映像取材班『教育と愛国——誰が教室を窒息させるのか』岩波書店、二〇一九年

8 この件を取り上げた朝日新聞の記事は文科省の見解をこう説明している。「文科省は「パン屋」についても、「パン屋がダメというわけではなく、教科書全体で指導要領にある『我が国や郷土の文化と生活に親しみ、愛着をもつ』という点が足りないため」と説明。「アスレチック」も同様の指摘を受け、出版社が日本らしいものに修正した」。朝日新聞、二〇一七年三月二四日『パン屋「郷土愛不足」で和菓子屋に　道徳の教科書検定』

9 文部科学省『平成19年度全国学力・学習状況調査について』https://www.mext.go.jp/a_menu/shotou/gakuryoku-chousa/zenkoku/07032809/002.htm

10 髙橋哲「新教育基本法は子どもと学校、社会にどんな影響をもたらしたか——新自由主義教育改革の日米比較」『教育と文化』88、二〇一七年七月

11 Chomsky, N. (1998). *The Common Good*, Berkeley, CA: Odonian Press. P. 43

12 https://www.kantei.go.jp/jp/singi/kyouikusaisei/pdf/dai3_1.pdf

13 http://www.kantei.go.jp/jp/96_abe/statement/2014/0506kichokoen.html

14 「国立大学法人等の組織及び業務全般の見直しについて」

15 平井美津子『教育勅語と道徳教育——なぜ、今なのか』日本機関紙出版センター、二〇一七年、

六六頁
16 https://drive.google.com/file/d/1h8eUo25WF2GupC9D-le76rbmKnmpIfOw/view
17 苅谷夏子『大村はま 優劣のかなたに――遺された60のことば』ちくま学芸文庫、二〇一二年、三四―三六頁
18 大村はま、苅谷剛彦・夏子『教えることの復権』ちくま新書、二〇〇三年、六八―六九頁
19 大村はま『新編 教えるということ』ちくま学芸文庫、一九九六年、二七頁
20 苅谷夏子、注17の文献、九五頁

政府のやることに偶然はない
——こうして「自由」は奪われていく

堤　未果

Tsutsumi Mika

国際ジャーナリスト。ニューヨーク州立大学国際関係論学科卒業。ニューヨーク市立大学院国際関係論学科修士課程終了。国連、アムネスティインターナショナル米国支局、米国野村證券を経て現職。米国の政治、経済、医療、福祉、教育、エネルギー、農政など、徹底した現場取材と公文書分析による調査報道と各種メディアで発信を続ける。主な著書に、『報道が教えてくれないアメリカ弱者革命』（日本ジャーナリスト会議黒田清新人賞）、『ルポ　貧困大国アメリカ』（中央公論新書大賞、日本エッセイスト・クラブ賞）、『沈みゆく大国　アメリカ』『日本が売られる』『デジタル・ファシズム』など多数。多くの著書は海外でも翻訳されている。動画番組「月刊アンダーワールド」配信中。

新種の奴隷制が始まる

フランスの思想家アレクシ・ド・トクヴィルは、民主主義の欠点を「多数派による専制」だと言った。多数派の絶対的支配の中で少数派の声がかき消されることの危険を指摘した彼は、民主主義の本質を見抜いていた。多数派は世論が生み出し、世論はメディアが作り出す。トクヴィルの時代は新聞だったが、今はテレビとＳＮＳだ。

トクヴィルは、やがて始まる「新種の奴隷制」をこんな風に予測した。

それは社会の表面が、「小さないくつもの規則で覆われた時に」やってくる。

それはその後の歴史の中で、形を変えながら、現実になっていった。例えば二〇〇一年にアメリカで起こった同時多発テロ。史上最悪の原発事故を起こした東日本大震災。共通のキーワードは「煽動」だ。そして今や、新型コロナウイルスという未知の脅威に翻弄される私たちに、二〇〇年前のこの警告が、不気味なリアリティを持って警鐘を鳴らしている。

緊急事態下で受容される「自由」の制限

二〇二〇年一一月一八日。ドイツ議会は、新型コロナウイルスの感染拡大防止を理由に、権限を政府に付与する、「感染症予防法改正」を可決した。

これによって、それまで政府が実施してきた都市封鎖（ロックダウン）や夜間の外出禁止、移動の制限、マスク着用義務（違反すれば罰金）に集会およびデモの禁止、当局による一般家庭や会社への急襲などは、全て合法となる。

「緊急事態」の名の下に、憲法を無視してまで国民の自由を制限する行き過ぎた政府のやり方は、ナチスという負の歴史を持つドイツ国民を揺さぶった。

だがこの法改正に反発し、「自由を奪うな」「憲法を守れ」「ナチスの歴史を繰り返すのか」などの文字や、ワイマール憲法をコピーした紙を掲げながら平和的に街を練り歩いた数千人のベルリン市民は、あっという間に暴力の餌食になった。

彼らがマスクをしていないことで「違法デモ」と見なしたドイツ警察の放水車から水を浴びせられ、機動隊に容赦なく殴打された後、約二〇〇人が逮捕されたのだ。

デモが提示した、極めて現実的な問題の数々を見てみよう。

長期にわたるロックダウンによる国内の失業率上昇や経済の低迷、社会的距離がもたらす孤立感と精神疾患、自殺率の急増、免疫低下による既存疾患の悪化や、マスク自体の有効性への疑問など、それらはドイツ社会だけでなく、この感染症と対峙する全ての国家にとって、重要な示唆を与えるはずだった。

だがここで立ちどまって議論を広げる代わりに、逆方向にアクセルを踏んだのは、ドイツ政府だけではない。

ドイツが全国でマスクを着けていない国民に罰金を課したように、英国、ニュージーランド、香港《ホンコン》にカタールが全土で同様のルールを導入、パリやソウル、ホーチミンやジャカルタ、カタルーニャ州やビクトリア州など、多くの地域が後に続いたのだ。

オーストラリアのメルボルンは、高性能のドローンで市民を監視し始めた。外出禁止令の違反者や、公共の場でマスクを着けずに出歩いている者を、最新式装置が五〇〇メートル離れた上空からでも直《ただ》ちに見つけ出す。感染防止の名の下に、当局には親の同意なしに、子どもを連行する権限も与えられている。

新型コロナウイルスについてのジョークを言う生徒を退学させるルールを導入した英国イーストサセックスの学校では、保護者にこんな通知が送られた。

「緊急事態下ですから、生徒は学校側が課す全ルールに従わなければなりません」

各国政府がコロナ対策について互いの対応を注視する中、二〇二〇年一〇月に英医学誌

「ランセット」に掲載されたある報告が、大きな注目を集めた。

全国の学校と一部地域の閉鎖、および夜間外出禁止令による事実上のロックダウンを実施していたスロバキアで、一〇歳以上の全国民に呼びかけた抗体検査が、九七パーセントという突出した高受診率を達成したのだ。

その秘密は、検査について政府がつけた条件にあった。検査で陰性結果が出た者にだけ証明書を発行し、外出禁止令から解放すると発表したのだ。証明書がなければ仕事も買い物もレストランも行かれず、隔離を続けなければならない。検査と引きかえに「自由」を差し出すこの手法は、目覚ましい効果を上げた。発表からわずか一週間で、人口五〇〇万人のうち三五〇万人が抗体検査に殺到したのだ。

行動経済学を公共政策に活用する研究で、各国政府・国際機関などに知見を提供する国際組織「ナッジ・ユニット（正式名称＝Behavioral Insights Team）」は、アメとムチを使い分けるスロバキア政府のこの手法を絶賛した。スロバキア政府の使用した韓国製の検査キットは感度が七割程度だったが、そんなことは問題にならなかった。政府にとって肝心なのは、最小資源で最大効果を出すことであり、何が国民の行動を促すかの方が重要な価値を持っている。

英政府に提出された報告書には、同じことをイギリスで実施するために必要な日数や人員など、詳しい試算が載せられた。

緊急事態下にある各国政府にとって、今や「自由」は、社会を意のままに設計するための、巨大な「アメ」になったのだった。

批判の声を封殺する仕組み

一体人類の歴史を振り返った時、今のように各国政府が横並びになり、自国憲法を逸脱してまでも国民の自由を制限するような異常事態があっただろうか？

政府やマスコミは口を揃えて言う。「感染症の拡大が収まるまでの辛抱だ、人命を最優先するために、今は団結する時なのだ」と。

だが本当にそうだろうか？

それは果たして変異を繰り返す、未知のウイルスのせいなのか？

一体法律は、いつから憲法を超える力を持つようになったのだろう？

何よりも、こうした違和感を口に出すこと自体が、私たちを社会の片隅に追いやり沈黙させる、そんな閉塞的空気を、前にも見たような気がするのは偶然だろうか？

往をあきらかにし来を察す。

二〇年前の二〇〇一年九月一一日、米国民の宝である「合衆国憲法修正第一条」が、合法的に紙屑《かみくず》にされるきっかけとなったあの事件を、覚えているだろうか？

史上最大の本土への攻撃に、テロリストという目に見えない敵。マスコミが毎日のように恐怖を煽り、国中がヒステリー状態になっていった凄絶な日々の中、米国政府は、「テロとの戦い」という錦の御旗《みはた》を掲げながら、チャンスを最大限に利用し、速やかに、だが確実に、社会のあちこちを都合よく作りかえていった。

国中に監視カメラが設置され、国民の個人情報が収集され、電話やファックス、メールの中身が当局にチェックされ、あらゆる場所で会話の中身が政府に筒抜けになってゆく。報道規制はかつてないほど強くなり、人気キャスターが突如番組を降板させられ、ある日突然ブログが消える。空港で身に覚えのないテロ容疑をかけられると、飛行機にも乗せてもらえない。

航空会社の搭乗拒否者リストは、わずか五年で一六人から四万四〇〇〇人に膨れ上がり、飛行機に乗れなくなった客がカウンター越しに抗議する姿を何度も目にするようになった。

だが理由を聞いても、職員は黙って首を横に振る。

「貴方《あなた》はリストに載っているので搭乗できません」

「理由は申し上げられません」

実際は理由など、当局以外知る由もなかった。テロリストを監視する政府に国民への説明責任などない。なぜならその行為自体が、国の「機密事項」になるからだ。

かくして当人たちに知らされぬまま、「潜在的テロ容疑者リスト」は拡大してゆく。

日頃政府の政策にはっきりと声を上げる市民活動家たちの多くは、自分の名前や住所、電話番号などの個人情報がＦＢＩの「テロリスト・スクリーニング・データベース」に保存されたことを知って以来、ネット検索を控えるようになった。当局に聞かれている可能性がある中で、多くのジャーナリストが取材を断られるケースが増えてゆく。

たとえ身に覚えがなくとも、一度リストに載せられたら最後、名前を削除してもらうことは至難の業だ。「将来テロ行為をする可能性がゼロ」であることを、証明するのが難しい上に、そもそも自分の名前がリストに載っていること自体、本人には知らされない。テロ容疑記録によって就職や結婚に支障をきたしても、「緊急事態下」で国を訴えれば非国民と見なされる。

その結果、多くの国民がリストに載せられないよう細心の注意を払って行動するか、載っていることが職場に知られぬよう沈黙を選ぶようになってゆくのだ。

学者に圧力をかける理由

憲法を無視した政府のこの動きに対し、最も批判の声を上げそうな人々、国民への影響力が強い組織に対しては、予《あらかじ》め対策がされていた。

「知の聖域」と呼ばれていた、教育・研究機関だ。

全米各地の学校はテロ対策の名の下に厳重な警戒体制を敷かれ、校内のあちこちにはカメラがつけられた。だがしばらくすると教員たちは、天井から見下ろすレンズを通して監視されていたのが、不審者でなく自分たちであることに気がついてゆく。

「テロ対策」を盾にした国民の個人情報収集や言論統制、警察による不当介入など、政府のやり方を疑問視する論文を書いたコロラド大学の歴史学者ワード・チャーチル教授は、政府与党に忖度した大学側によって解雇命令を受けた。プリンストン大学の憲法学者ウォルター・マーフィー教授は、そうした現政府の政策と合衆国憲法の整合性を授業で取り上げた後、空港で自分が「搭乗拒否リスト」に載せられていたことを知ったという。

中でも学者たちが最も激怒したのは、国立科学財団が、今後は政府の政策を妨害しない研究にのみ助成金を出すという新しい方針だった。四〇〇〇を超える反対署名が集められたが、彼らを、「緊急事態にもかかわらず、自らの保身を優先し政府を支えることを拒む一部の学者たち」というニュアンスで描いた報道は、絶大な効果をもたらした。

学者たちの多くは、終身在職権の剝奪や、各種サービスから締め出されることに怯え、社会的な眼《め》を意識して、政治的な話題を口にすることを自粛するようになったのだ。

自由を剝奪する法律を支持したアメリカ国民

初めに国民感情が煽られて、それからルールが変更される。

「テロリスト」という見えない敵への恐怖によって米国民の愛国心が熱狂的に高揚する中、

政府の偽善を正当化する「愛国者法」がスピード可決した。

日本の旧治安維持法を思わせる、政府による自由剝奪を合法化するこの法律を、一体なぜアメリカの国会議員たちは支持したのだろう？

これについて両党の議員に尋ねると、こんな回答が返ってきたのを覚えている。

「あの時の議会には、反対意見を許さない空気があった。批判すればテロリストを擁護しているとして自分が糾弾される。人命を守るために一丸となるべきだと。不安に駆られた世論が望むことを、政治家は拒めない」

街中に監視カメラが設置されても、警官の数が急増しても、一〇歳の子どもがテロ容疑で警察に連行されても、政府が裁判所の許可なしで自由に盗聴できるようになっても、連日のテロ報道で不安を煽られ恐怖で銃を買いに走る米国民の大半は、治安対策としての愛国者法を、積極的に支持していた。

共通の敵の存在は恐怖を増幅し、世論自らの手によって、多様性を排除させる。テロリストの恐ろしさを繰り返し煽るマスコミによって作られた「世論」は、その後政府が国民の自由を奪う法律を導入するたびに、「緊急事態」という言葉とともに、大義名分に使われてきた。

そして本来法律に憲法を翻す力などないにもかかわらず、米政府はこの法律を盾に、今も国民の自由を奪う違憲行為を重ねている。

テロリストを計画段階で見つけるために、国内を監視する権限を政府に与える「愛国者法」は、二〇年たった今も、時の政権にとって使い勝手が良い法律だ。

ブッシュ政権で産声を上げ、二〇一五年に一部失効したものの、オバマ政権で名前を変えて復活した後継の「自由法」で監視体制が残され、トランプ政権では当局が令状なしで外国人のインターネット通信を監視できる外国情報監視法（FISA）第七〇二条も延長された。そして一九九五年二月に自身が提出した「反テロリズム及び効果的死刑法」が「愛国者法」のモデルになったことは、バイデン大統領の自慢の一つになっている。名称を含めさまざまな改正を経てしぶとく生き残り、アメリカを世界屈指の監視大国へと変えたこの法律の精神は、これまでの日米関係を考えた時、日本の私たちが最も警戒すべきものの一つだろう。

その後高速で進化するIT技術とSNSの台頭によって、かつて新聞・テレビが担っていた世論形成の中心が、GAFAのように日常の隅々から国民感情を刺激する巨大テック企業に取って代わられた。アップルとグーグルの二社が共同開発した、新型コロナウイルス感染者との接触追跡機能を基本機能としてソフトに組み込む技術は、各国の公衆衛生機関に提供されている。今後これが、当初の目的とは別な用途に利用される可能性を懸念する声が出ているのは、こうした企業が、すでに国家権力を超えた影響力を手にしているからだ。

数社のプラットフォーマーが言論空間の編集権を握ることの意味を、私たちは軽視してはならない。

SNS大手はすでに各国のコロナ対策とワクチン政策に批判的な言論を検閲し、二〇二〇年の米国大統領選挙では、現役大統領支持者の言論空間を、一方的に閉鎖している。

民間企業の方向性を見るには、資金の流れも重要だ。

ワクチンを推進するメーカーや超富裕層から資金提供されたテック企業が、「新型コロナウイルスに関する一方的な教育」を繰り広げ、日夜「多数派の声」を形成する今、果たして政府はこの便利なシステムを、感染症の脅威が去った後に黙って手放すだろうか？

なぜ日本学術会議が標的にされたのか？

「テロとの戦い」を理由に、アメリカで全体主義化が加速し始めてから一〇年後、東日本大震災で人類史上最悪の原発事故を起こした日本でもまた、後を追うように同様のパターンが展開されている。震災後、総務省は日本インターネットプロバイダー協会や日本ケーブルテレビ連盟などに、風評被害になりそうなネット上の発言を検閲することを依頼、資源エネルギー庁は広告代理店のアサツー ディ・ケイ社（現ＡＤＫホールディングス）に、七〇〇〇万円でＳＮＳやインターネット上の、原発に関する情報の監視業務を発注した。六月には「情報処理の高度化等に対処するための刑法等の一部を改正する法律（サイバー法）」が成立している。これによって捜査機関による強制捜査の制限が大幅に緩和され、ネットワーク管理者は通信記録の保全を命じられる立場になった。

拡大された強制捜査権限と保全された通信履歴が、ウイルス作成罪だけでなく、あらゆる犯罪捜査に適用されるリスクは、法務省のＨＰでは触れられていない。

二〇一七年には、過去何度も国会に出されては、「恣意的運用によるえん罪リスク」などへの懸念から繰り返し廃案にされてきた「改正組織的犯罪処罰法（共謀罪）」が、参議院で法務委員会採決なしに本会議で強行採決された。現在他国が急速に開発中の、人々の頭の中を読み取る技術が完成すれば、同法はさらにシステマティックになるだろう。

二〇二〇年一〇月。我が国で日本学術会議が提出した新会員推薦リストのうち六名を菅総理が任命拒否したことで、大学関係者を中心に「政治的介入」「言論の自由への弾圧」など、次々に反発の声が上がった。

六人が排除されたのは政府に批判的だったからだろうと推測する声も少なくない。だが向けられるべき視点はむしろ、学術会議という目立たない存在に、なぜ世論の目を向けさせる必要があったのかの方だ。

過激思想というレッテルを貼られれば、事実かどうかにかかわらず、個人と組織の社会的イメージは一定程度貶められる。

そこに世論の目が向けば、次のステップにつなげることは容易《たやす》くなる。

政府のやることに偶然はない。

学術会議問題は、点ではなく線なのだ。

任命問題で揉《も》め事《ごと》を起こし、学者側からの激しい政府批判とこう着状態に国民がうんざりし、やがてこの話題に飽きる頃が、耳触りの良い「発展的改革」を公表するタイミングだ。第三者機関など、政府側の改革の中身は、同組織が自治を失う最終仕上げになるだろう。

「自由」は知らぬ間に奪われていく

九・一一直後の米国で、思想統制のターゲットが教員に向いた時、それは直接的なものでなく、教員たち自らが言論の自由をあきらめるよう持ってゆく、社会全体の空気だった。学術会議問題もまた、任命拒否をされることで二次的に生じる周囲からのネガティブな憶測や誹謗中傷、過去に遡って言動を詳細に調べ上げられた個人情報が、いくつもの無責任な手によって一人歩きするだろう。それらが同じアカデミズムの組織や人々にもたらす「萎縮効果」は、今後じわじわと時間をかけて、ボディブローのように、社会全体を蝕《むしば》んでゆく。だからこそ私たちは常に、本質を見失わせる「多数派の感情」に、注意しなければならない。

「愛国者法」の類似法案が、一つまた一つと日本でも可決されているのだ。

同法がアメリカ社会から奪ったものとその経緯、その後に続いた東日本大震災以降の我が国による後追いは、今新たな「感染症」の登場で、最終章に近づいている。

新型コロナウイルスをきっかけに、政府とマスコミ、そしてテック企業が着々と形成する「多数派の声」が、平時なら私たちが到底受け入れないだろうやり方で、急速に形作られているのが見えるだろうか。

ＰＣＲ検査の陽性者が感染者と同一に報道され続ける不思議や、ＷＨＯ、ＣＤＣ、厚生労働省が出している陽性者の死因を病原にかかわらず新型コロナ死として報告させる指導。これらについて、ＷＨＯやＣＤＣ、ダボス会議などに対し、ドイツのライナー・フュールミッヒ医学博士をはじめ、医療従事者一万人と弁護士千人超が大規模な国際訴訟を起こしていること。そして政府の感染症対応に関する客観的な視点として、エジンバラの精神分析医ブルース・スコット博士が提示するニュルンベルク綱領と、世界人権宣言第六条が議論のテーブルに載せられることはない。

ドイツのメルケル首相は、Ｇ７オンライン会議の後にこう言った。

「パンデミックは全世界の人が、ワクチンを接種するまで終わらないだろう」

各国政府にとって、今やこの問題の焦点が、ウイルスからデジタルパスポートに移行しているのが見えるだろうか？　次に開く扉の向こうで出番を待っているのは、普通ではないこの状態を恒久化する「ニューノーマル」という新しいキーワードだ。

「政府は自国民に対してそこまでの暴挙をしないだろう」と思う前に、私たちは歴史が鳴らす警鐘に、真摯に耳を傾けるべきだろう。

世界同時多発的に自由が危機に晒されている今こそ、過去にちりばめられた無数の点をつないで線にすることが、残された唯一の武器だからだ。

二〇〇〇年の時空を超えて、トクヴィルの警告がこだまする。

まだ間に合う、次々に形を変えて差し出される「恐怖」に囚《とら》われるな、「作られた多数派による専制」に、未来を決して明け渡すなと。

無関心の代償は、いつも時間差でやってくる。

知らぬ間に奪われる自由に気づかないことが、テロや原発事故や感染症の脅威よりもずっと大きな危機に、私たちを晒すのだ。

終章

自由を扱う技術

アメリカにおける自由と統制

内田 樹

Uchida Tatsuru

思想家、武道家、神戸女学院大学名誉教授。東京都生まれ。東京大学文学部仏文科卒業、東京都立大学大学院博士課程中退。専門はフランス現代思想、武道論、教育論、映画論など。凱風館館長、多田塾甲南合気会師範。著書に、『ためらいの倫理学――戦争・性・物語』『レヴィナスと愛の現象学』『私家版・ユダヤ文化論』（小林秀雄賞受賞）、『日本辺境論』（新書大賞受賞）、『街場の戦争論』『日本習合論』『コモンの再生』、共編著に、『学問の自由が危ない――日本学術会議問題の深層』などがある。

「自由」は土着の概念ではない

アメリカの話をしようと思う。自由を論じるときにどうしてアメリカの話をするのかと言うと、私たち日本人は「自由は取り扱いの難しいものだ」という実感に乏しいように思われるからである。私たちは独立戦争や市民革命を経由して市民的自由を獲得したという歴史的経験を持っていない。自由を求めて戦い、多くの犠牲を払って自由を手に入れ、そのあとに、自由がきわめて扱いにくいものであること、うっかりすると得た以上に多くのものを失うかも知れないことに気づいて慄然とするという経験を私たちは集団的にはしたことがない。「自由」は freedom/liberté/Freiheit の訳語として、パッケージ済みの概念として近代日本に輸入された。やまとことばのうちには「自由」に相当するものはない。ということは、自由は土着の観念ではないということである。

私たちはややもすると「自由というのはすばらしいものである」「全力を尽くして守らなければならないものである」ということを不可疑の前提にして、そこから議論を出発させる。けれども、そうすると、自由に制限を加えようとする政治的立場が理解できなくなる。自由を恐れるという発想が理解できなくなる。自由を制限しようとする者はただひたすらに「邪悪な権力者」にしか見えない。だから、市民が語る自由論は「どうやって権力者の干渉を排して、自由を奪還するか」という戦術論に居着いてしまう。私たちの社会で自由についての思索が深まらないのはこの固定的なスキームから出ることができないせいではないか。

どこまで市民的自由を制限できるか

ジョン・スチュワート・ミルの『自由論』（一八五九年）はアメリカ合衆国建国の歴史的実験を間近に観察した上でなされた考察である。私たちがまず驚くのは、ミルの最初の主題が「社会が個人に対して当然行使してよい権力の性質と限界」[1]だということである。**どこまで市民的自由を制限することが許されるのか。**ミルはそう問題を立てているのである。私たちの国では、そういう問いから自由について語り始めるという習慣はない。私たちの社会では、市民は「個人が行使できる自由の拡大」について語り、統治者は「政府が行使できる権力の拡大」について語る。話はまったく交差しない。

統治機構はどこまで市民的自由を制限できるのか、制限すべきなのか、それがミルの自由論の一つの論点である。こういう問いは市民革命を経験し、政府を倒し、統治機構を手作りした経験のある市民にしか立てることができない。

市民革命以前の人民にとって、支配者は「民衆とつねに利害が相反」する存在であった。だから、人民は支配者の権力の制限についてだけ考えていればよかった。しかし、民主制を市民が打ち立てたあと、理論上は人民の代表が社会を支配することになった。支配者の利害と意志は、国民の意志と利害と一致するという話になった。政府の権力は「集中化され行使しやすい形にされた国民自身の権力にほかならないのだ」[2]ということになった。民主制以前だったら、空想的にならそう語ることもできただろう。けれども、実際に市民革命を行って、民主制を実現してしまったら、話はそれほど簡単ではないことがわかった。「権力を行使する『民衆』は、権力を行使される民衆と必ずしも同一ではない」[3]からである。代議制民主制のふたを開いてみたら、そこで「民衆の意志」と呼ばれているものは「実際には、民衆の中でもっとも活動的な部分の意志、すなわち多数者あるいは自分たちを多数者として認めさせることに成功する人々の意志」[4]だったからである。「民衆がその成員の一部を圧迫しようとすることがありうるのである」[5]。

　これは市民革命をした経験のある者にしか語れない知見だと思う。支配者対人民という二項対立で話が済むうちは簡単だった。だが、近代民主制のアポリアはその先にあった。市民革命を通じて民主制を実現してみたら、予想もしていなかったことが起きた。最も活動的な民衆の一部がそれほど活動的でない他の民衆の自由を制約しようとし始めたのである。「民衆による民衆の支配」という予想していなかったことが起きた。さて、どのようにして民主制の名においてそのような事態を制御することができるのか？　社会が個人に対して行使してよい権力の性質と限界はいかなるものか？　これが一七〇年ほど前にミルによって定式化され、いまに至るまで決定的な解を見出すことができずにいる自由をめぐる最大の論件である。

　繰り返すが、私たちの国では、そのような問いが優先的に気づかわれるまでに市民社会が成熟していない。現に、「多数者の専制」が「社会が警戒することが必要な害悪の一つ」[6]であるという認識は日本国民の間では常識としては登録されていない。だから、「選挙に勝ったということは、民意の負託を受けたということだ」「選挙に勝って、禊《みそぎ》が済んだ」というような言葉を政治家たちが不用意に口にし、メディアがそのまま無批判に垂れ流すということが起きる。ミルはそういう考え方が民主制に致命傷を与えるということをつとに一七〇年前に指摘していたのである。

　ミルの書物は明治初年に日本に翻訳されて、ずいぶん広く読まれたはずである。しかし、読まれたということと血肉化したということはまったく別の話だ。私たちはトクヴィルやハミルトンやミルが生きた一八～一九世紀の欧米市民社会よりもはるかに民主制の成熟度の低い社会にいまも暮らしているのである。そのことをまず認めよう。

自由と平等の衝突

自由は端的に自由として、あたかも自然物のようにそこにあるわけではない。それは近代市民社会においては、「どの程度までなら制限してよいものか」という問いを通じて、欠性的にその輪郭を示してゆく。市民的自由と社会的統制はどこかで衝突する。私的自由と公共の福祉はどこかで衝突する。自由と平等はどこかで衝突する。そのときに、どのあたりが適切な「落としどころ」になるかは原理的には決することができない。汎通的な「ものさし」は存在しない。「適度」なところを皮膚感覚や嗅覚で探り当てなければならない。そして、そういう精密な操作ができるためには、どうしても一度は自分の手で「なまものとしての自由」を取り扱ってみなければならない。そして、私たちにはその経験がない。

私が本稿で建国期のアメリカの事例を検討するのは、その時代のアメリカ人はまことに誠実に「統制と自由」の問題で悩んだと思うからである。ある問題に取り組むときに生産的な知見をもたらすのは、多くの場合、その問題を解決した（と思っている）人よりも、現にその問題で苦しんでいる人である。

独立宣言（一七七六年）から合衆国憲法の制定（一七八七年）までには一一年間のタイムラグがある。それは新しく創り出す国のかたちについての国民の合意形成が困難だったということを意味している。一方に連邦政府にできるだけ大きな権限を委ねようとする「中央集権派（フェデラリスト）」がおり、他方に単一政府の下に統轄されることを嫌い、州政府の独立性を重く見る「地方分権派」がいた（Stateを「州」と訳すことが適切なのかどうか私にはわからない。以下に引く『ザ・フェデラリスト』の訳文では「州」と「邦」が混用されている）。

中央政府に必要な権限を付与するために人民は自らの自然権の一部を譲渡しなければならない。これはホッブズ、ロック以来の近代市民社会論の常識である。この原理に異を唱える市民は近代市民社会にはいないはずである。だから、問題は、どの機関に、どの程度の私権を譲渡するかなのである。ことは原理の問題ではなく、程度の問題なのである。原理の問題なら正否の決着がつくということがあるが、程度の問題に「最終的解決」はない。それは必ずオープン・クエスチョンとして残される。アメリカ合衆国がその後世界最強国になったのは、彼らが統治の根本原理を採択するとき、統制か自由かのいずれを優先させるかを**ついに決しかねたことの手柄**だと私は思っている。人間は葛藤のうちに成熟する。国も同じである。解決のつかない、根源的難問を抱え込んでいる国は、単一の無矛盾的な統治原理に統制された社会よりも生き延びる力が強い。

『ザ・フェデラリスト』は合衆国憲法制定直前に、世論を中央集権派に導くためにジョン・ジェイ、ジェイムズ・マディソン、アレグザンダー・ハミルトンの三人によって書かれた。直接の理由はジェイの記すところによれば、「一つの連邦の中にわれわれの安全と幸福を求めるかわりに、各邦をいくつかの連合に、あるいはいくつかの国家に分割することにこそ、われわれの安全と幸福とを求めるべきであると主張する政治屋たちが現われだした」[7]からである。

アメリカは一体でなければならない。「この国土を、非友好的で嫉視反目するいくつかの独立国に分割すべきではない」[8]というのがフェデラリストたちの立場であった。

合衆国憲法をめぐる最大の論争

さて、このとき連邦に統合されることに反対した人々が掲げたのが「自由」の原理だったのである。連邦政府に強大な権限を付与することは、州政府の自由を損ない、さらには市民の自由を損なうことだ、と。だから、まことにわかりにくい話になるが、このとき「自由」の対立概念は「連邦」だったのである。明らかなカテゴリーミステイクのように思われるが、「自由」と「連邦」はゼロサムの関係にあるという考え方がその時点ではリアリティを持っていたのである。そのことは次のジェイの文章から知れる。

「同じ祖先より生まれ、同じ言葉を語り、同じ宗教を信じ、同じ政治原理を奉じ、（中略）一体となって協議し、武装し、努力して、長期に及ぶ血なまぐさい戦争（独立戦争）を肩を並べて戦い抜[9]」いたアメリカ人は独立戦争のあと「一三州連合（the Confederation）」を形成した。しかし、この政体は戦火の下で急ごしらえされたものであったので、「大きな欠陥」があった。

「自由を熱愛すると同様、また連邦《ユニオン》にも愛着をもちつづけていた彼らは、直接には連邦を、間接には自由を危殆《きたい》ならしめるような危険性があることを認めたのである。そして、連邦と自由とを二つながら十分に保障するものとしては、もっと賢明に構成された全国的《ナショナル・》政府《ガヴァメント》しかないことを悟り（中略）憲法会議を召集したのである」[10]

よく注意して読まないと読み飛ばしそうなところだが、ここでジェイは連邦と自由を両立させるのは簡単な仕事ではないということを認めているのである。自由だけを追求すれば、連邦は存立できない。連邦が存立できなければ、自由は失われる。だから、自由と連邦を「二つながら十分に保障する」工夫が必要なのだ。そのとき、連邦がなければ自由が危機に瀕することの論拠にジェイが選んだのは、「侵略者があったときに誰が戦争をするのか？」という仮定だった。

独立直後の合衆国は英国、スペイン、フランス、さらには国内のネイティヴ・アメリカンとの軍事的衝突のリスクを抱えていた。仮にある邦がこれらの国と戦闘状態に入ったときに、戦闘の主体は誰になるのか？　邦政府が軍事的独立を望むのなら、邦政府はとりあえずは単独で外敵に対処しなければならない。

「もし、一政府が攻撃された場合、他の政府はその救援に馳せ参じ、その防衛のためにみずからの血を流しみずからの金を投ずるであろうか？」[11]

ずいぶんと生々しい話である。私たちはいまのアメリカしか知らないから、例えばヴァージニア州が外国軍に攻撃されたときにコネチカット州が「隣邦の地位が低下するのをむしろよしとして」傍観するというような事態を想像することができない。あるいは「アメリカが三ないし四の独立した、おそらくは相互に対立する共和国ないし連合体に分裂し、一つはイギリスに、他はフランスに、第三のものはスペインに傾くということになり」[12]、大陸で代理戦争が始まったらどうするというようなことを想像することができない。しかし、**ものごとを根源的に考えるというのは、その生成状態にまで立ち戻って考えるということである。**いまのようなアメリカになる前の、これから先何が起きるかまだ見通せないでいる時点に立ち戻って、そこで自由と連邦の歴史的意味を吟味しなければならない。

外敵の侵略リスクを想定して、その場合に自由を守るためには、邦政府に軍事的フリーハンドを与えるべきか、それとも連邦政府に軍事を委ねるべきか、いずれが適切なのか。それがジェイの提示した問いであった。

連邦政府に軍事を委ねるというのは常備軍を置くということである。だが、地方分権派は常備軍というアイディアそのものにはげしいアレルギーを示した。世界最大の軍事力を持ついまのアメリカを知っている私たちにはにわかには信じにくいことだが、**合衆国憲法をめぐる最大の論争は実は「常備軍を置くか、置かないか」をめぐるものだったのである。**

地方分権派が常備軍にはげしいアレルギーを示したのは、常備軍は簡単に権力者の私兵となって市民に銃口を向けるという歴史的経験があったからである。これは独立戦争を戦った人々にとっては、恐怖と苦痛をともなって回想されるトラウマ的記憶であった。たしかに英国軍は国王の意を体して、植民地人民に銃を向けた。それに対して、自らの意志で銃を執って立ち上がった「武装した市民（ミリシア）」たちが最終的に独立戦争を勝利に導いた。だから、**戦争をするのは職業軍人ではなく、武装した市民でなければならない。**これはアメリカ建国の正統性と神話性を維持し続けるためには譲ることのできない要件だった。現に、独立宣言にははっきりとこう明記してあった。

「われわれは万人は平等に創造され、創造主によっていくつかの譲渡不能の権利、すなわち生命、自由、幸福追求の権利を付与されていることを自明の真理とみなす。（中略）いかなる形態の政府であろうと、この目的を害するときには、これを改変あるいは廃絶し、新しい政府を創建することは人民の権利である（it is the Right of the People to alter or to abolish it, and to institute new Government)」

独立宣言は人民の武装権・抵抗権・革命権を認めている。独立戦争を正当化するためにはそれを認めることが論理的に必須だったからである。だから、独立戦争直後に制定されたペンシルヴェニアとノース・カロライナの邦憲法には「平時における常備軍は、自由にとって危険であるので、維持されるべきではない」と明記されている。ニュー・ハンプシャー、マサチューセッツ、デラウェア、メリーランドの邦憲法はいくぶん控えめに「常備軍は自由にとって危険であるので、議会の同意なしに募集され、あるいは維持されるべきではない」としている。

「常備軍は自由にとって危険である」というのは建国時のアメリカ市民の「気分」ではなく、「成文法」だったのである。そのことを忘れてはならない。

それに対して、フェデラリストたちは外敵の侵入リスクをより重く見た。ことは「国家存亡の危機」にかかわるのである。ハミルトンは「国防軍の建設、統帥、維持に必要ないっさいのことがらに関しては、制約があってはならない[13]」と主張した。

強大な国防軍を創設すべきか、常備軍は最低限のもの、暫定的なものにとどめておくべきか。この原理的な対立は結局、憲法制定までには解決を見なかった。合衆国憲法は常備軍反対論に配慮して、**常備軍の保持は憲法違反であると読めるような条項**を持つことになったからである。連邦議会の権限を定めた憲法第八条第一二項にはこうある。

「連邦議会は陸軍を召集し、支援する権限を有する。ただし、このための歳出は二年を越えてはならない」

常備軍はどの国でもふつう行政府に属する。しかし、合衆国憲法は陸軍の召集と維持を立法府に委ねた。さらに二年以上にわたって軍隊の維持費として継続的な支出をすることを禁じた。「これは、よくみると、**明らかな必要性がないかぎり軍隊を維持することに反対する**重要にして現実的な保障とも思われるべき配慮なのである[14]」とハミルトンは第八条第一二項について書いている。

アメリカが常備軍を禁じた憲法を持っていることを知っている日本人は少ない。改憲派は、憲法第九条第二項と自衛隊の「矛盾」を指摘して、「憲法と現実の間に齟齬《そご》があるときは、現実に合わせて改憲すべきである」と主張するが、彼らが常備軍規定について合衆国憲法と現実の間には深刻な齟齬があるので改憲すべきであると米国政府に献策したという話を私は寡聞にして知らない。私はむしろ憲法条項と現実の間に齟齬があることがアメリカの民主制に活力と豊穣性《ほうじようせい》を吹き込んでいると理解している。アメリカ市民は憲法第八条第一二項を読むたびに、「建国者たちは何のためにこのような条項を書き入れたのか？」という建国時における統治理念の根源的な対立について思量することを余儀なくされるからである。正解のない問いにまっすぐ向き合うことは、教えられた単一の正解を暗誦《あんしょう》してみせるよりは、市民の政治的成熟にとってはるかに有用である。

常備軍についての原理的対立は憲法修正第二条の武装権をめぐる対立において再演される。一七九一年、憲法制定の四年後に批准された憲法修正第二条にはこう書かれている。

「よく訓練されたミリシア（militia）は自由な邦の安全のために必要であるので、人民が武器を保持し携行する権利は侵されてはならない」

修正第二条の文言を確定するときにどのような議論があったのかはつまびらかにしないが、これが邦の手元に軍事力を残したい地方分権派と軍事力を連邦政府の統制下に置きたい中央集権派の妥協の産物であったことはわかる。というのも、憲法制定時点でフェデラリストたちが最も懸念していたのは、外敵の侵攻と並んで**邦政府と連邦政府との軍事的対立**だったからである。ハミルトンははっきりと「内戦」のリスクに言及している。

「**各州政府が、権力欲にもとづいて、連邦政府と競争関係に立つことはきわめて当然の傾向であり、**連邦政府と州政府とが何らかの形で争うとなると、人々は（中略）州政府に必ず加担する傾向があると考えてしかるべきであることは、すでに述べた。各州政府が（中略）独立の軍隊を所有することによって、その野心を増長せしめられることにでもなれば、その軍事力は、各州政府にとって、憲法の認める連邦の権威に対して、あえて挑戦し、ついにはこれをくつがえそうという、あまりにも強力な誘惑となり、あまりにも大きな便宜を与えるものになろう[15]」

ミリシアを邦が自己裁量で運用できる軍事力として手元にとどめたい地方分権派と、できるだけ軍事力を連邦政府で独占したいフェデラリストとのきびしい緊張関係のなかで憲法は起草され、憲法修正が書き加えられた。原則として常備軍を持たないとしたこと、軍隊の召集・維持の権限を立法府に与えたこと、市民の武装権を認めたこと、これらは連邦派の側からすれば不本意な譲歩だっただろう。連邦派の抵抗の跡はかろうじて「よく訓練された（well regulated）」と「自由な邦の安全のため（the security of a free state）」という二重の条件に残されている。

ミリシアはのちにNational Guardに改称された。日本語では「州兵」と訳されるが、これは独立戦争の英雄だったラファイエット将軍が母国でフランス革命のときに率いたGarde Nationaleに敬意を表して改称されたのであって、原義は「国民警備兵」である。一方で武装した市民たち自身はいまも「ミリシア」を名乗り続けている。二〇二一年一月二〇日のバイデン大統領の就任式では、「武装したトランプ支持者」の乱入に備えて「州兵」二万五〇〇〇人が配備されたと日本のメディアは報じたけれど、彼らは「暴徒と兵士」でも「デモ隊と警官」でもなく、いずれも主観的には「ミリシア」だったのである。

二つの統治原理で引き裂かれてきたアメリカ

アメリカの政治文化では、原理主義的な首尾一貫性よりも、そのつどの状況にすみやかに最適化する復元力（resilience）が高く評価される。鶏が先か卵が先かわからないが、この政治文化の形成に、アメリカが建国時点から二種の統治原理に引き裂かれていたという歴史的事実が与《あずか》っていると私は思う。

トランプ以後、アメリカの国民的分断を嘆く人が多いが、実際にはアメリカは建国時点から、統一国家なのか連合国家なのか、どちらにも落ち着かない両義的性格を持ち続けてきた。その意味では二つの統治原理の間でつねに引き裂かれてきたのである。分断はいまに始まった話ではない。

両院から成る立法府の構成も二つの原理の妥協の産物である。下院定員は人口比で決まるので、下院議員は「その権限をアメリカ国民からひき出している」[16]と言ってよいが、上院議員は各州二名が割り当てられているので、邦を代表している。日本人には理解しにくい大統領選挙人制度も、大統領を選挙するのはあくまで邦であって、国民ではないということを示している。アメリカは「統一国家的性格と同様に、多くの連邦的性格をもった一

種の混合的な性格[17]」を具《そな》えた国家なのである。

そこからアメリカにおける**自由の特殊な含意**が導かれる。絶対自由主義者は「リバタリアン（libertarian）」を名乗る。彼らは公権力が私権・私有財産に介入することを認めない。だから、徴兵に応じない（自分の命をどう使うかは自分が決める）、納税もしない（自分の資産をどう使うかは自分が決める）。ドナルド・トランプはリバタリアンだったので、四度にわたって徴兵を逃れ、大統領選のときも税金を納めていないことを公言してはばからなかった。そういう人物が大統領になって、公権力のトップに君臨することができるのは、**公権力が市民的自由に介入することへの強い拒否**がアメリカの政治文化の一つの伝統だからである。

トランプ統治下のアメリカでCOVID－19の感染拡大が止まらず、世界最高レベルの医療技術を持った国であるにもかかわらず、感染者数でも死者数でも世界最多を記録したのは、医療についても、公権力の介入を嫌う人がそれだけ多かったからである。

『トランピストはマスクをしない』というのは町山智浩のアメリカ観察記のタイトルだが、

このタイトルは疾病のリスクをどう評価し、どう予防し、どう治療するかという、本来なら科学的に決定されるはずのことがらが「自由か統制か」という政治理念の選択問題にずれこんでしまうアメリカの特異な風土を言い当てている。

感染症は、全住民が等しく良質な医療を受ける医療システムを構築しないかぎり終息させることができない。だが、そのためには公権力が患者の治療やワクチン接種といった医療サービスを無償で提供する必要がある。医療を商品と考え、金がある者は医療が受けられるが、金がない者は受けられないという市場原理を信じる人たちの眼には、これは医療資源を公権力が恣意的に再分配する社会主義的「統制」に映る。

だから、**自由と平等は実は両立させることがきわめて難しい政治理念なのである**。私たちはフランス革命の標語に慣れ親しんでいるせいで、「自由・平等・友愛」がワンセットのものだと考えているけれど、それは違う。平等は、公権力が強力な介入を行って、富める者の私財の一部を奪い、力ある者の私権の一部を制限して、それを貧しい者、弱い者に再分配することなしには、**絶対に**成就しないからである。平等を実現しようとすれば、必ずある人たちの自由は損なわれる。それも、その集団において相対的に豊かで、力があって、より活動的な人たちの自由が損なわれる。ミルの論点を思い出そう。**平等は「民衆の中でもっとも活動的な部分」の私権を制限し、私財を没収することによってしか実現されない。**そして、この「活動的な部分」はミルによればまさに「自分たちを多数者として認めさせることに成功」したがゆえに「活動的」たりえた人々なのである。平等は「多数の市民」の自由を公権力が制約するという図式においてしか実現しない。そして、当然ながらそのことに「多数の市民」は反対するのである。

自由を扱う技術

いま、世界の最も富裕な八人の資産は、最も貧しい三六億人が保有する資産と同額である。それくらいに富は偏在しているわけだけれども、その貧しい三六億人のうちにおいてさえ、ジェフ・ベゾスやビル・ゲイツとともに自分は「多数者」の側にいると信じて、公権力が私権を統制し、私財を公共財に付け替えることに反対する人たちが大勢いる。それは富豪であるトランプの支持基盤が「ホワイト・トラッシュ」と呼ばれる白人貧困層であったことに通じている。彼らは平等よりも自由の方を重く見る政治的伝統を継承しているのである。

その「自由主義」思想は「独立宣言」に源流を持っている。「独立宣言」の先ほど引いた「抵抗権」を保障した箇所の直前にはこう書いてあるからだ。

「われわれは、以下の真理を自明のものと信じる。すなわち、すべての人間は平等なものとして創造され、その創造主によって、生命、自由、および幸福の追求を含む不可侵の権利を与えられている、と（We hold these truths to be self-evident, that all men are created equal, that they are endowed by their Creator with certain unalienable Rights, that among these are Life, Liberty and the pursuit of Happiness）」

すべての人間は平等なものとして、創造主によって創造されたのである。ここでは、**平等はすべての人間の初期条件であって、未来において達成すべきものとしては観念されていない。**政府は生命、自由、幸福追求の権利を確保するために創建されたものであって、平等の実現は政府の仕事にはカウントされていない。平等はすでに創造主によって実現している。だから、政府が配慮すべきは人民の生命と自由と幸福追求に限定されるのである。

「すべての人間は平等なものとして創造されている」と宣言されてから奴隷制が廃絶され

るまでに八九年かかり、公民権法が成立するまでにさらに九九年かかり、それから半世紀以上経《た》って、いまだにBlack Lives Matterが黒人に白人と平等の人権を求めなければならないのは、**平等の実現はアメリカの建国時のアジェンダに含まれていなかったからである**。そして、その政治文化はいまも生き続けている。

長くなり過ぎたので、もう話を終える。市民的自由と社会的統制の間の葛藤に「最終的解決」はない。私たちに必要なのは「適度」を探り当てる経験知の蓄積である。自由を扱う技術の習得にはそれなりの時間と手間を覚悟しなければならないのである。

注

1　J・S・ミル著、早坂忠訳『自由論』『世界の名著38』中央公論社、一九六七年、二一五頁。

2　同書、二一七頁。

3 同書、二一八頁。
4 同書、二一八頁、強調は原著者。
5 同書、二一八頁、強調は原著者。
6 同書、二一九頁。
7 A・ハミルトン、J・ジェイ、J・マディソン著、斎藤真訳『ザ・フェデラリスト』『世界の名著33』中央公論社、一九七〇年、三一七頁。
8 同書、三一八頁。
9 同書、三一八頁。
10 同書、三一八—三一九頁。
11 同書、三二九頁。
12 同書、三三〇頁。
13 同書、三四六頁、強調は原著者。
14 同書、三五一頁、強調は内田。
15 同書、三五六頁、強調は内田。
16 同書、三七四頁。
17 同書、三七四頁、強調は原著者（傍点）および内田（太字）。

あとがき

今回、論考をお寄せくださった二六名の皆さんは、それぞれの人生の岐路で、沈黙ではなく、声を上げることを選ばれた方々です。私たちはそうした方々に、「自由」について論じて頂きたいと思いました。同時に私たちは、声の大きい人だけを、ことさらに崇拝するようなことがあってはならないと、自戒を込めて思います。誰もが声を上げやすくなるように、本書がその一助となることを願っています。出版人としてできることは、これからも声の大小に限らず、多くの人びとの考えに寄り添い、共にあり続けることです。

本書では、日本学術会議の会員任命拒否問題を入り口にして論じましたが、その陰には、無数の「学術会議問題」――権力の逸脱と忖度による萎縮構造――が潜んでいることを指摘しておきたいと思います。これらに沈黙することは、この構造を温存することにほかなりません。

最後に、読者の皆様に御礼申し上げます。ここに綴《つづ》られたさまざまな思いを受け取って頂くことで、ようやく本書は完成します。

集英社新書編集部

藤原辰史(ふじはら たつし) 歴史学者
姜尚中(カン サンジュン) 政治学者
隠岐さや香(おき さやか) 科学史研究者
池内 了(いけうち さとる) 物理学者
佐藤 学(さとう まなぶ) 教育学者
杉田 敦(すぎた あつし) 政治学者
阿部公彦(あべ まさひこ) 英米文学者
石川健治(いしかわ けんじ) 憲法学者
望月衣塑子(もちづき いそこ) 新聞記者
津田大介(つだ だいすけ) ジャーナリスト
会田 誠(あいだ まこと) 美術家
山田和樹(やまだ かずき) 指揮者
ヤマザキマリ 漫画家
平田オリザ(ひらた おりざ) 劇作家
桐野夏生(きりの なつお) 小説家
永井 愛(ながい あい) 劇作家
村山由佳(むらやま ゆか) 小説家
上野千鶴子(うえの ちづこ) 社会学者
小熊英二(おぐま えいじ) 歴史社会学者
山崎雅弘(やまざき まさひろ) 戦史・紛争史研究家
苫野一徳(とまの いっとく) 哲学者
高橋哲哉(たかはし てつや) 哲学者
前川喜平(まえかわ きへい) 元文部科学事務次官
鈴木大裕(すずき だいゆう) 高知県土佐町議員・教育研究者
堤 未果(つつみ みか) 国際ジャーナリスト
内田 樹(うちだ たつる) 思想家

「自由《じゆう》」の危機《きき》——息苦《いきぐる》しさの正体《しょうたい》　集英社新書一〇七〇B

二〇二一年六月二二日　第一刷発行

編者……集英社新書編集部《しゅうえいしゃしんしょへんしゅうぶ》
発行者……樋口尚也　発行所……株式会社集英社
東京都千代田区一ツ橋二-五-一〇　郵便番号一〇一-八〇五〇
電話　〇三-三二三〇-六三九一(編集部)
〇三-三二三〇-六〇八〇(読者係)
〇三-三二三〇-六三九三(販売部)書店専用

装幀……原 研哉　製本所……加藤製本株式会社
印刷所……大日本印刷株式会社　凸版印刷株式会社

定価はカバーに表示してあります。

ISBN 978-4-08-721170-2 C0236

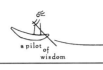